李茂江◎著

青岛的理想与担当

清华大学出版社
北京

内 容 简 介

本书全面地介绍了全球产业分工和国际贸易规则体系的演进趋势，以及近代亚洲商业贸易网络、现代东亚供应链网络的发展脉络，有助于深刻领悟"一带一路"、上合组织等国家战略部署的历史逻辑、理论逻辑、实践逻辑。本书吸收了国际前沿的理论成果，具有理论的权威性、系统性与实践的鲜活性。全书共上下两篇十章，上篇包括全球产业分工与国际贸易规则体系、全球数字贸易规则主导权竞争激烈、"一带一路"倡议加快中华民族伟大复兴进程、东亚共同体成为"一带一路"合作典范、上合组织推动构建人类命运共同体的实践探索；下篇包括时代赋予青岛海陆文明融合之大任、建设中国特色社会主义海陆文明融合示范城市、引领山东半岛城市群构筑国家重要增长极、培育数字技术创新策源能力、建设亚欧经济走廊企业全球化策源地。

本书是作者多年来从事副省级城市的发展和改革工作实践、系统深入的理论研究、多样化的企业调研阅历的全面总结与升华，主体内容突出，有益于读者研修和思考。

本书封面贴有清华大学出版社防伪标签，无标签者不得销售。
版权所有，侵权必究。举报：010-62782989，beiqinquan@tup.tsinghua.edu.cn

图书在版编目（CIP）数据

青岛的理想与担当/李茂江著. —北京：清华大学出版社，2023.4
ISBN 978-7-302-63229-0

Ⅰ. ①青… Ⅱ. ①李… Ⅲ. ①区域经济发展－研究－青岛 Ⅳ. ①F127.523

中国国家版本馆 CIP 数据核字(2023)第 057330 号

责任编辑：	付潭娇　刘志彬
封面设计：	李召霞
责任校对：	王凤芝
责任印制：	沈　露
出版发行：	清华大学出版社
网　　址：	http://www.tup.com.cn，http://www.wqbook.com
地　　址：	北京清华大学学研大厦 A 座　　邮　编：100084
社 总 机：	010-83470000　　　　　　　　　 邮　购：010-62786544
投稿与读者服务：	010-62776969，c-service@tup.tsinghua.edu.cn
质 量 反 馈：	010-62772015，zhiliang@tup.tsinghua.edu.cn
印 装 者：	三河市东方印刷有限公司
经　　销：	全国新华书店
开　　本：	147mm×210mm　　印　张：5.5　　字　数：113 千字
版　　次：	2023 年 6 月第 1 版　　印　次：2023 年 6 月第 1 次印刷
定　　价：	79.00 元

产品编号：096588-01

前 言
FOREWORD

  当今中国正处在中华民族伟大复兴的关键时期,经济稳中向好、长期向好的趋势没有改变,全国各地千帆竞发、百舸争流,"南强北弱"总体发展格局趋势明显。我们有幸深度参与了青岛市发展和改革的多项重要工作,见证了这座城市近二十年来的发展进步,深感有责任为这座城市理清发展脉络、找准发展方向、落实关键举措来贡献力量。

  "不谋万世者,不足谋一时;不谋全局者,不足谋一域。"本书将基于全球贸易发展趋势、国际贸易规则博弈焦点、地缘竞争战略等多角度综合分析,领会中央战略意图,为青岛参与国际合作竞争提供更加精准的战略依据。在写作过程中,作者有幸阅读了若干部著作,进一步开拓了思路,支撑作者形成了对于青岛未来发展的总体构想。

  我国四十多年改革开放历史经验证明,我们必须在开放潮流中坚定不移融入世界。面向未来,青岛需深刻领会党中央落子布局的战略意图,要在中华民族伟大复兴战略全局、世界百年未有之大变局中谋划发展蓝图,全面、辩证、长远地审视内外部发展环境,遵循历史规律、顺应时代潮流、呼应人民期待,坚定经济全球化发展信心，在构建新发展格局中找准自身定位，在全球政治经济格局深刻调整中更好地参与国际合作与竞争，深度参与引领全球经济治理，持续推进高水平、制度型开放，超越自我原有格局，助力国家在严峻的外部挑战中突出重围。

近代亚洲曾经形成了发达的经贸网络，而山东和青岛未能成为这一场经贸大培训的主课堂。当今时代，青岛凭借山东省"北扼燕晋，南控鄂宁，当京汉津浦两路之冲，实南北咽喉关键"区位、陆地海洋双重属性等战略因素，对外有机会在东西方文明、海陆文明融合重构历程中，担当推动中华民族伟大复兴的先锋军，对内引领"黄河下游城市群"、青岛都市圈深度融入以中国为核心的东亚供应链网络、全球服务价值链网络，平衡中国"南北差距"，在服务构建新发展格局过程中建设世界级企业汇聚高地，奠定向全球性城市升级的实力基础。

这便形成了作者设想的青岛担当大国崛起的战略支点的主要内容——"五维一体"的战略支点功能体系，也是青岛依托"一带一路"倡议、《区域全面经济伙伴关系协定》(Regional Comprehensive Economic Partnership, RCEP)、上海合作组织(以下简称"上合组织")等国家战略合作平台，在实现中华民族伟大复兴过程中构建青岛战略地位的关键所在。青岛"五维一体"战略支点功能体系涵盖五大领域，分别是：推动东西方文明融合，建设社会主义文化强国战略支点；建设全球海洋中心城市，建设海洋强国战略支点；提升国际贸易中心枢纽功能，建设贸易强国战略支点；培育数字技术创新策源能力，建设网络强国战略支点；建设企业全球化策源地，打造国家现代产业体系战略支点。

  数字技术的发展引发了全球经济运行逻辑、贸易方式的重大变革，城市发展模式、要素配置方式、文化承载体系、企业营商环境、企业组织管理等也应当随之发生变革，最终各子系统有机组成，协同共生。

作者

2022 年 10 月

目 录
CONTENTS

上篇　大国崛起与国际贸易规则重构

第一章　全球产业分工与国际贸易规则体系……………3
- 一、全球产业分工发展阶段演进与趋势……………3
- 二、国际贸易规则体系进入重塑变革期……………6
- 三、市场是国际经贸规则发展的原动力……………10
- 四、市场逻辑的内在缺陷加剧发展失衡……………11
- 五、"一带一路"倡议推动世界共同繁荣……………13

第二章　全球数字贸易规则主导权竞争激烈……………15
- 一、数字技术推动国际贸易方式变革……………15
- 二、数字贸易国际规则体系博弈焦点……………18

第三章　"一带一路"倡议加快中华民族伟大复兴进程……30
- 一、西方地缘战略理论视角下的世界格局……………31
- 二、"一带一路"成为拉动经济全球化新引擎……………33

三、中国构建新发展格局与世界深度融合发展……41

第四章　东亚共同体成为"一带一路"合作典范……43

一、近代亚洲商业贸易网络影响深远……43

二、东亚供应链网络塑成终局性优势……47

三、东亚经济一体化取得突破性进展……52

第五章　上合组织推动构建人类命运共同体的实践探索……61

一、中国与欧亚经济联盟对接合作实现制度化……61

二、中国与上合组织成员国经贸合作持续深化……62

三、中欧班列成为亚欧大陆重要国际公共产品……71

四、贯通中华现代文明惠泽世界的中亚大通道……72

下篇　战略支点与地方经济合作

第六章　时代赋予青岛海陆文明融合之大任……77

一、孔孟儒学对于中华传统文明的主体支撑……78

二、全球化背景下的东西方现代文明融合……79

三、建设中国式现代化海陆文化要素集聚枢纽……82

第七章　建设中国特色社会主义海陆文明融合示范城市……88

一、青岛的发展基础与优势……88

二、青岛的发展瓶颈与短板……94

三、青岛的使命——贯通亚欧经济走廊　支撑大国崛起的战略支点 ················· 97

四、提升国际贸易中心枢纽功能——建设贸易强国战略支点 ················· 99

五、建设全球海洋中心城市——打造海洋强国战略支点 ················· 108

第八章　引领山东半岛城市群构筑国家重要增长极 ········· 112

一、历史上的山东 ················· 113

二、齐鲁文化底蕴的辩证性认识 ················· 114

三、现代的山东 ················· 116

四、山东半岛城市群面临问题探讨 ················· 121

五、引领建设高标准市场体系 ················· 123

六、在山东半岛厚植创新基因 ················· 128

第九章　培育数字技术创新策源能力 ················· 133

一、工业互联网驱动制造范式革命 ················· 133

二、加快发展工业互联网时不我待 ················· 135

三、构筑数字技术科创生态 ················· 138

四、推动数据要素高效配置 ················· 140

五、培育数字经济竞争优势 ················· 142

六、建设数字开放合作高地 ················· 143

第十章　建设亚欧经济走廊企业全球化策源地……… 146

一、建设全球化企业策源地的战略机遇 ………… 146

二、建设全球化企业策源地的重点任务 ………… 150

三、建设全球化企业策源地的要素支撑 ………… 155

参考文献 ……………………………………………… 161

后记 …………………………………………………… 165

上篇

大国崛起与国际贸易规则重构

第一章 全球产业分工与国际贸易规则体系

CHAPTER 1

当今中国迈上全面建设社会主义现代化国家新征程，高质量发展是首要任务。谋划推动青岛实现高质量发展，需把握全球产业分工和国际贸易规则体系的演进趋势，深刻领悟"一带一路"倡议等国家战略部署的历史逻辑、理论逻辑、实践逻辑。

一、全球产业分工发展阶段演进与趋势

（一）全球产业分工发展阶段回顾

工业革命以来，全球产业分工经历了三个阶段，分别是产业间分工、产业内分工、全球价值链。产业间分工起源于18世纪工业革命发生后，这个时期国际贸易对象跨越不同行业，如粮食和纺织品、瓷器和家具等。产业内分工最早出现在20世纪60年代，国际贸易对象主要是同一产业的产品，例如贸易双方彼此从对方进口轿车、家用电器等，企业因规模效应而降低单位生产成本，同时满足消费者的多样化偏好。20世纪80

年代以来，交通、通信与能源领域的一系列技术变革，使得跨国公司能够显著低成本地推进国际生产体系的跨国重构，信息技术的发展推动通信成本和交易成本持续下降，运输技术大幅压缩了空间的"时间距离"和运输成本。跨国公司为了利用发展中国家的劳动力优势和市场优势，将产业价值链中可分解制造和组装的部分从发达国家转移到发展中国家，促进国际分工从产业间分工、产业内分工演进到同一产品零部件和不同工序之间的分工和贸易。

20世纪70年代，世界体系理论家特伦斯·霍普金斯和伊曼纽尔·沃勒斯坦提出了商品链的概念，将其定义为围绕最终可消费商品而发生的相互关联的劳动生产链式过程。此后，美国杜克大学格里芬引入价值链分析，提出了全球商品链理论。全球价值链发展导致中间品贸易在国际贸易体系中迅速增长，国际贸易重心从最终品贸易转移到中间品贸易，全球形成高度复杂的产业链、供应链、价值链网络，中间品贸易在全球贸易中的比重不断提升，北美、东亚和欧洲三大区域供需网络基本成型，国际经贸规则深入边境后领域，基于信息流和服务流的服务贸易快速发展，经济全球化的新模式、新动能、新规则正在形成中。

有学者根据中间产品跨境次数，将一个国家和部门的GDP分成三大类四部分：纯国内生产；直接生产出口的最终产品，即传统贸易；有跨境的生产活动，分为简单的全球价值链和复杂的全球价值链。总体看，**全球价值链贸易占全球贸易总量的比重于2008年达到峰值，纯国内生产活动占全球GDP的比重总体呈下降趋势，复杂的全球价值链活动呈上升趋势**，国际贸易重心从最终品贸易转移到中间品贸易的趋势已不可逆转。

(二) 数字驱动的新型全球化形态

2008 年国际金融危机导致世界经济步入深度调整与结构再平衡的转型发展期,在制造业全球价值链分工放缓的同时,新一代通信技术和数字技术推动创新活动全球分工、服务业全球分工等新型全球化形态快速前进,**制造业贸易比重停滞,服务业贸易比重持续上升**,产业链数字化趋势明显。

服务业的许多环节要求生产和消费同时同地,这在很长一段时间里限制着服务贸易的发展。随着数字技术的发展,服务的基本性质发生了改变,服务边际成本降至很低甚至到零,规模经济、范围经济效应显著,可贸易程度大大提升。许多生产性服务业借助数字技术,实现研发全球化、资产管理全球化、生产者服务平台全球化等,推动服务贸易快速发展。

新经济与传统产业的边界在逐渐消融,新经济如同水银泻地,无孔不入,全面进入汽车、家电、石油、钢铁乃至教育、金融、保险和娱乐业。如果从更广阔的视角来观测,互联网经济正全面整合社会经济结构。

(三) 迈向碳中和的产业链绿色化

随着美国在拜登就任总统后重返《巴黎协议》,世界主要工业大国在应对气候变化问题上达成了难得的共识。此前,欧盟分别于 2019 年 12 月和 2020 年 3 月发布了《欧洲绿色协议》和首部《欧洲气候法》,《欧洲绿色协议》提出,到 2050 年实现零排放的碳中和目标,日本随后推出了碳中和的2050年方案。在全球绿色发展的新趋势下,为应对气候变化的新格局,中国向国际社会承诺:推动中国碳排放总量于2030年前达峰,争取在2060年前实现碳中和。预计2030年前,中国碳减排需每年投入2.2万亿元,2030—2060年需每年投入3.9万亿元[①]。

相较于为应对国际金融危机而发起的"绿色新政",碳中和目标更具发展道义上的标杆意义和减排行动上的引领性,对这一宏大目标的分解和落实将在中长期内直接影响全球生产和消费方式。能源转型和绿色创新将成为国际生产体系调整的重要方向和国际投资的热点领域,围绕绿色工艺产品资金投入和技术开发的国际合作潜力巨大,同时,这也将引发绿色标准体系主导权之争。在已确立碳中和目标的国家之间整合低碳资源,率先形成统一的碳市场和交易机制,会在一定程度上强化产业链、价值链的区域化倾向。在不断细化的减排目标下,不同行业价值链的"绿色级差"拉大,汽车等行业的制造范式和产品结构将发生颠覆性转型,化工、建材等传统高碳部门在世界范围内寻求"排放洼地"的动机增强,以往被迫充当污染重地的发展中国家和地区可能被进一步锁定在全球价值链的"黑色或褐色"环节。

二、国际贸易规则体系进入重塑变革期

发展是人类永恒的主题,是一项具有公共产品性质的事业。

---

① 2021年4月15日,中国人民银行行长易纲在"绿色金融和气候政策"高级别研讨会开幕式致辞。

未来国际经贸规则体系发展的关键在于弥合全球化的分化作用,在全球化背景下妥善处理资本与劳动力之间的利益不平衡关系。"万物得其本者生,百事得其道者成。"

美国主导的经贸规则和制度体系,无论是从国内视角还是国际视角看,都完全被资本利益所裹挟,正以美国自身的标准推动建立具有很强排他性、"资本利益导向"的国际经贸规则体系,中国、巴西、印度等广大发展中国家的发展需求、发展道路选择权则基本上不在美国考虑范畴。

"冷战"后的国际体系是在美国主导的自由主义价值观指导下建立起来的,其最典型的特征是经济全球化。然而,随着发展中国家的整体崛起以及区域化的广泛兴起,发达国家和发展中国家之间的实力对比发生了明显变化,美国等发达国家相对于发展中国家的优势不断缩减,同时面临全球化加速去工业化进程下利益受损国内群体的政治压力。特朗普时代的美国出台一系列反建制举措,要求与发展中国家进行"完全对等"贸易,标志着美国传统外交政策发生逆转,以西方为中心、基于新自由主义价值观的国际经贸规则体系进入既"破"又"立"变革期。

在多边贸易体制层面,美国正在抛弃原有的"发展"理念。2019年,美国发布《一个无差别的WTO:自我认定的发展地位威胁体制的有效性》《2019贸易政策议程及2018年度报告》《关于改革WTO发展中国家地位的总统备忘录》等多个文件,抨击WTO"过时的发达国家和发展中国家的二分法",要求根据其制定的标准排除一些国家的发展中国家地位,并不排除在今后剥夺上述标准未涵盖的任何其他发展中国家的特殊和差别性待遇。如果完全接受美国的主张，那么发展中国家的特殊和差别待遇要么被上述标准排除，要么在今后的部门谈判中被剥夺。WTO发展到现在的根本原因在于承认不同成员之间的差异性，通过给予发展中国家特殊和差别性待遇，在推动自由贸易的同时兼顾公平贸易，但这种规则导向正在出现逆转。

在区域和双边贸易协定层面，美国也无法顾及发展中国家的发展需求，反而为广大发展中国家参与美国主导的全球价值链设置了更高门槛。奥巴马时代的《跨太平洋伙伴关系协定》（Trans-Pacific Partnership Agreement，TPP）如此，特朗普时代的"零关税、零壁垒、零补贴"的政策（以下简称"三零政策"）更是如此。TPP不仅要求货物和服务市场的全面开放，而且对知识产权、电子商务、投资、政府采购、环境与劳工保护、国有企业管理、规则的协同性和透明度以及反腐败等新规则领域都进行了严格界定。这些高标准强化了美国等发达国家在亚太价值链上游和下游结构中的绝对优势地位，与此同时却提高了发展中成员和非成员分享全球知识与科技进步的门槛，更将非成员排除在美国主导的全球价值链体系之外。特朗普的"三零政策"从本质上来说比TPP的要求更高，不仅要求其他国家高度开放市场，更要让美国企业感到高度自由，实际是要求各国国内制度"美国化"。

要深刻理解当前国际经贸规则"破"与"立"背后的规律和深层原因，必须从国际经贸规则形成逻辑出发，从历史与现实交汇中寻求答案。在资本主义原始积累时期，大部分资本主义国家依靠武力从殖民地和半殖民地掠夺了大量财富，同时导致了这些国家大量民族工业的衰亡。发达资本主义国家由此奠定了先发优势，并垄断了后进国家经济发展所必需的资金、技术、人才和市场。第二次世界大战后，随着发展中国家纷纷获得政治独立，经济全球化和区域一体化向纵深发展，各国之间基于市场经济形成了不对称的经济依赖关系。美国在市场和科技领域的压倒性优势为自己创造了不对称依赖所带来的国际权力。规则本身意味着合作，合作则意味着必须给参与各方带来共赢的结果。**市场规模优势解决了合作者的收益问题，科技优势则解决了主导者的收益问题。两大优势为美国奠定了经济霸权基础，使其能够通过开放自己的市场来促进其他国家接受其国内规则，为其国内优势产业打开了其他国家的市场。**

当前，正是上述两大优势的变化使原有国际经贸规则体系动力发生变化。一方面，经济霸权的衰退导致对全球经济治理体系驾驭能力弱化，使得美国摇身变为现有规则体系的破坏者，特朗普时代的"以退为进""先破后立"和"由内而外"三大战略显著改变了全球经贸政策。另一方面，作为全球第二大经济体的中国正在努力通过扩大开放来维持开放型的世界经济，避免出现"金德尔伯格陷阱"①。

---

① 查尔斯·金德尔伯格是"马歇尔计划"的设计者。他认为，在第一次世界大战后，奉行孤立主义的美国在超过英国成为全球第一大国后未能在提供全球公共产品方面取代英国的角色，在全球合作体系中继续搭便车，其结果是全球体系崩溃、世界经济萧条和世界大战。

三、市场是国际经贸规则发展的原动力

市场既是经济全球化深入发展的内在动力，又是国际经贸规则发展的原动力。正是在市场的驱动下，以商品资本、金融资本、生产资本、人力资本等多种形式存在的资本，在一次次科技革命的浪潮中推动了各种市场的全球扩张和统一，由此也推动了贸易全球化和国际经贸规则体系建设。货物运输成本、技术传播成本和人员流动成本是市场全球化发展的三大限制因素。从历史视角看，三大成本下降程度的不同步，导致生产和消费在全球范围的分离也不同步，全球化在不同时期呈现出不同特征，相应的规则边界和形式也不同。全球化通过"推动生产和消费在地域上不断分离"，消费者有了更多、更好的选择，企业有了更大的利润空间。

在交通运输受限年代，人类的生产和消费活动被捆绑在有限地域范围，市场规模有限，市场全球化无从谈起。当生产力发展到一定阶段，市场机制成为世界经济运行的主导规律，全球经济走向紧密合作，国际经贸规则不断完善。货物运输成本的下降促成以货物贸易扩张为主要特征的全球化时代，国际经贸规则的核心是贸易自由化，即以处理"关税和边境"上的问题为核心的第一代国际经贸规则。技术传播成本的下降促成了以中间品贸易扩张为主要特征的全球化时代，国际经贸规则的核心逐渐从"关税和边境"上的问题转向影响全球价值链运行的贸易、投资、服务、知识产权等边境后措施，形成第二代国

际经贸规则。目前，人类正在开启由人员流动成本下降促成的以服务贸易，尤其是数字贸易扩张为主要特征的新全球化时代，国际经贸规则的边界将逐渐扩展到电子商务、数字贸易等领域，以数字贸易规则为核心的第三代国际经贸规则正在酝酿之中。未来的国际经贸规则边界将发生重大变化，更多聚焦于公平竞争、标准和应用适应性等非边境、非物质市场准入方面，数据保护以及数据跨境流动规则将成为核心议题，知识产权保护将进一步增强，传统的关税、非关税壁垒等物质性市场准入规则的重要性将逐渐减弱。

第四次工业革命将对国际经贸活动产生颠覆性影响，特别是利用数字和信息技术突破服务贸易中人员流动成本的制约，带来了服务生产和服务消费之间的全球性分离，使得诸多当时的非贸易品变成可贸易品。

四、市场逻辑的内在缺陷加剧发展失衡

经济全球化是一把"双刃剑"，既带来巨大正效应，也难以避免产生一些负效应。发达经济体在经济全球化中处于主动和强势地位，其获益要大于新兴经济体和广大发展中国家，过去30年最富国和最穷国人均GDP之差扩大近120倍。目前，各国在经济再平衡上难以达成共识，发达国家仍依赖超宽松货币政策转嫁危机。

经济全球化的负效应是市场失灵在世界范围内的体现。伴随着经济全球化和国际经贸规则的不断向纵深发展，市场逻辑

的内在缺陷不断积聚起吞噬原有规则体系的"内在破坏力"。

第一，国际市场垄断的缺陷。当资本在国内集中到一定程度并在国内市场形成垄断的时候，必然向国际市场发展，从而导致资本在世界范围内的集中，最终形成国际市场垄断。当前国际经贸规则并没有针对国际垄断进行规制的措施，相反，对专利权国际保护的不断强化，导致专利产品价格大幅提高和跨国公司对专利技术的长期垄断。比如，国际民用客机市场基本被美国波音和欧洲空客瓜分，汽车、信息、医药等产业被少数几家公司控制。

第二，金融全球化或称"资本流动自由化"的缺陷。货币信用一旦脱离实体经济独立存在，就几乎不可避免地具有异化于产业资本、不断自我扩张和膨胀的冲动。随着产业资本的主导地位逐渐让位于金融资本，资本市场的获利更多虚拟化，依靠资本增值积累财富的速度远远快于依靠劳动收入积累财富，包括美国在内的全球已经沦为国际金融资本的殖民地。金融部门巨额的利润是以牺牲其他部门的繁荣和效率为代价的。金融全球化还加剧了财富在全球的转移和全球经济的波动，其根本原因在于缺乏监管标准、监督、执行、最后贷款人等全球层面的金融开放基础设施。

第三，资本回报率高于经济增长率的缺陷。法国经济学家托马斯·皮凯蒂论证了贫富差距是资本主义的固有现象，这是因为资本回报率总是高于经济增长率，其背后的根本原因在于大多数国家顶层收入者的税收正在变为或已经变为累退制。2019年6月，包括乔治·索罗斯在内的19名美国亿万富翁联名呼吁向美国最富有的 0.1%的富豪适度征收"富人税"。美国前 0.1%富豪纳税总额仅占其财富的 3.2%，但收入最低的 99%美国民众纳税总额占其财富的比重高达 7.2%。原因在于资本自由流动导致全球范围的竞次税收政策，国家间税收竞争使各国不得不通过降低企业税收留住资本，跨国公司和各国富豪可通过转移定价或寻求避税天堂等方式在全球实现税负最小化。

因此，资本主导的经济全球化必然带来全球范围的两极分化。市场逻辑的前两个缺陷更多导致发达国家和发展中国家之间差距拉大，第三个缺陷则会在全球范围拉大资本收入和劳动收入差距。资本作为流动性最强的要素，无论以何种形式存在，所有者都是全球化的最大获益者，根本原因就在于这些国家的税收制度设计保证了"资本收益率大大超过经济增长率"，现有国际经贸规则体系主导推动的全球化产生的分化作用日益加剧。未来，随着技术进步带来的自动化成本进一步降低，传统劳动密集型制造业趋向于向资本和技术密集转型，低收入工作将被大量替代。随着智能化、自动化的进一步发展，全球范围内将会产生大量尤瓦尔·赫拉利所称的"无用阶级"。

五、"一带一路"倡议推动世界共同繁荣

2013 年，习近平总书记提出了建设"丝绸之路经济带"和"21 世纪海上丝绸之路"的合作倡议，重塑全球贸易格局，与沿线国家共同打造政治互信、经济融合、文化包容的利益共同体、命运共同体和责任共同体。此后，习近平在首届"一带一

路"国家合作高峰论坛上指出，建设人类命运共同体是"一带一路"倡议的最高目标。

"一带一路"倡议践行多边主义，是在充分倚重以联合国为核心的全球性国际规则体系基础上，赋予中国参与国际经济规则重塑的重大机遇，使新兴市场国家和发展中国家有更多机会参与到全球经济治理，对既有的国际制度进行改革创新，推动国际秩序更加公正合理，也是与已有的资本利益导向规则体系形成互补。

中国一方面利用多边合作机制，加强政策沟通，有序推进规则标准对接，推动"一带一路"沿线建设实现从写意到工笔的转变。另一方面，积极同"一带一路"沿线国家商建自由贸易区，构建"一带一路"大市场，截至2020年底，中国已经与全球25个国家和地区签署17个自贸协定，包括韩国、新加坡、澳大利亚、冰岛、瑞士等发达国家，以及包括智利、秘鲁、哥斯达黎加、格鲁吉亚等发展中国家。

第二章 全球数字贸易规则主导权竞争激烈

CHAPTER 2

当前国际贸易已进入数字贸易时代,预计今后 10~15 年全球货物贸易、服务贸易分别呈 2%、15%左右的增长,而数字贸易呈 25%左右高速增长,20 年后的世界贸易将形成货物贸易、服务贸易、数字贸易各占 1/3 的格局。2008—2018 年,全球数字交付服务出口规模从 1.8 万亿美元增长到 2.9 万亿美元,增长接近 60%,年平均增长率 5.8%(同期服务贸易出口增速为 3.8%,货物贸易出口增速为 1.9%),占服务贸易出口的比重从 45.7%增长到 50.2%,超过 12%的跨境货物贸易通过数字化平台实现,数字贸易正在成为新的经济增长点。

一、数字技术推动国际贸易方式变革

数字技术创新日新月异,使得数据和以数据形式存在的商品和服务可贸易程度大幅提升,并引领了国际贸易方式的创新变革,推动国际经贸交往活动从物理世界转向数字世界,国际分工和分配模式面临巨大调整。伴随着网络化、智能化数字技术在全球范围内的深度应用和数字经济的快速发展，以互联网为基础的数字贸易蓬勃兴起，带动全球创新链、产业链和价值链加速优化整合。数字贸易在不同阶段的概念如表 2-1 所示。

表 2-1 数字贸易不同阶段的概念演绎

阶段	名称	内涵	特征
阶段一	电子商务	传统商务与贸易活动的电子化和信息化	商务活动的信息化
阶段二	跨境电子商务	分属不同关境的交易主体，通过电商平台达成交易，进行支付结算，并通过跨境物流送达商品的一种国际商业活动	电子商务的跨境化
阶段三	数字贸易	通过互联网传输产品和服务的国内商务和国际商务合同，突出特征是交易内容的数字化	交易内容的数字化

资料来源：根据中国信息通信研究院《数字贸易发展与影响白皮书（2019年）》整理。

美国 2013 年 7 月提出数字贸易的概念，2014 年 8 月将实体货物纳入数字贸易交易标的中，2017 年进一步拓展了数字贸易的外延，将数字贸易分为数字内容、社会媒介、搜索引擎和其他四大类。数字贸易表现为贸易方式数字化和贸易对象数字化。贸易方式数字化表现为数字技术与国际贸易各领域深度融合渗透，电商平台成为国际贸易的重要枢纽，信息展示、贸易洽谈、支付结算、税收通关等环节向线上迁移；贸易对象数字化表现为数据和以数据形式存在的商品和服务成为重要的贸易商品，对各国生活、生产等诸多领域的影响不断扩大。全球数字交付服务贸易规模与占比如图 2-1 所示。

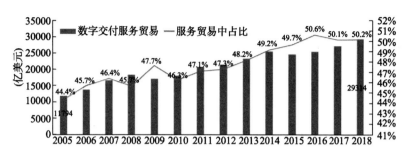

图 2-1　全球数字交付服务贸易规模与占比

数据来源：联合国贸易与发展会议数据。

2014—2018 年中国数字交付服务出口年均增长 7.4%，排在全球第 26 位，但超过日本、德国、美国、印度、南非、巴西等国家。2018 年中国数字交付服务出口规模达到 1314.5 亿美元，国际市场占有率达 4.5%，在全球排名第 8 位（126 个国家和地区）。中国电子商务市场规模引领全球，2019 年达到 34.8 万亿元，其中网上零售额达 10.6 万亿元，同比增长 16.5%。

数字化的产品和服务跨越国境，这可能意味着一国传统产业衰败，而新崛起的产业并非出自本国，新旧业态间的交替变得更为复杂。中国、老挝、泰国等国 2017 年发起《"一带一路"数字经济国际合作倡议》，为开展数字贸易跨国合作奠定基础。俄罗斯颁布《2024 年前俄联邦发展国家目标和战略任务》，将发展数字贸易提升至国际战略层面，《哈萨克斯坦"第三个现代化建设"：全球竞争力》明确了国家经济数字化发展的主要任务。2019 年，二十国集团（G20）发布《大阪数字经济宣言》，这标志着主要国家对于建立允许数据跨境自由流动的"数据流通圈"达成初步共识，但印度、印度尼西亚、南非拒绝签字。

印度有海量的中小批发零售商,来自境外或者境外机构控股的电子商务平台严重冲击了当地就业,并剥夺了一部分原本留存在境内的收益,跨国间数据分隔与流通"严重阻碍发展中国家从数据贸易中获利"。

二、数字贸易国际规则体系博弈焦点

目前,数字贸易已经成为多边和双边贸易谈判的重要议题,也成为新一代国际贸易规则体系的竞争焦点。世界各国积极参与数字贸易治理,期望从这场重塑全球经济版图的"数字革命"中获取发展机遇。

(一)数字贸易国际规则体系的构建

目前,各方数字贸易规则谈判的渠道主要包括多边框架下的 WTO "电子商务工作项目"、诸边框架下的 WTO "电子商务联合声明倡议"、区域框架下的自由(区域)贸易协定。在多边贸易体制遭遇单边主义和贸易保护主义严重挑战背景下,2019 年 5 月,新加坡、新西兰和智利启动《数字经济伙伴关系协定》(Digital Economy Partnership Agreement,DEPA)三方会谈,为数字经济制定前瞻性规则,于 2020 年 6 月签署协定。2021 年 11 月 1 日,中方正式提出申请加入 DEPA。

目前,数字贸易规则主要体现在美、欧等发达国家引领制定的区域贸易协定中。在 WTO 公布的涉及数字贸易的 40 多个区域协定中,32 个协定将数字贸易单独设章,其中美国主导 13

个、欧盟主导 7 个，其他协定基本由已与美欧签署协定的国家或地区之间互相签署。

《全面与进步跨太平洋伙伴关系协定》（Comprehensive and Progressive Agreement for Trans-Pacific Partnership，CPTPP）于 2018 年 3 月签署，涵盖 TPP 除美国以外的 11 个原成员国，2018 年 12 月正式生效，其中电子商务章完全继承了 TPP 中的电子商务条款。作为全球范围内最早生效的新一代数字贸易规则，CPTPP 电子商务章同时也继承了《韩国—美国自由贸易协定》中的电子传输免关税永久化、数字产品非歧视待遇、在线消费者保护、互联网访问与使用原则等规则，首次确立了个人信息保护、跨境数据自由流动、禁止数据本地化、保护源代码等高标准规则。跨境数据自由流动规则的目的是要减少限制跨境数据流动的贸易壁垒，禁止数据本地化规则是要消除服务器、数据中心等计算设施的本地化要求，源代码规则的目的是要保护知识产权和防止强制技术转让。这些高标准规则体现了 CPTPP 的数字贸易规则致力于遏制数据保护主义的意图，这代表着当时保护和促进数字贸易的最高水平。在美国的推动下，新一代数字贸易规则正在迅速形成，签署于 2018 年 11 月的《美国—墨西哥—加拿大协定》(The United States-Mexico-Canada Agreement，USMCA)将电子商务章改为数字贸易章，并对其中规则做了一系列改进，2020 年 7 月生效。2019 年 11 月，《美日数字贸易协定》签署，2020 年 1 月正式生效，在 USMCA 的基础上再次提高了规则水平。此外，《澳大利亚—中国香港自由贸易协定》也于 2020 年签订。

USMCA、《日本—欧盟经济伙伴关系协定》（Japan-EU Economic Partnership Agreement，EPA）、CPTPP 等一系列超大型自由贸易协定的签署，将进一步强化北美、欧洲、亚洲三大板块的区域化属性。跨国公司的全球供应链将在欧洲、北美、东亚、东盟等区域集聚，全球贸易秩序加快重构。

（二）美式数字贸易规则的推进方向

《北美自由贸易协定》（North American Free Trade Agreement，NAFTA）缺失数字贸易规则，未能反映现代经济的特征，是美国主张重新谈判的重要理由之一。USMCA 和《美日数字贸易协定》对 CPTPP 电子商务规则做了重要改进。

1. USMCA 对 CPTPP 的改进

第一，深化了跨境数据自由流动和禁止数据本地化的规则。USMCA 将上述两项规则扩大，使其适用于金融服务，旨在促进金融数据的自由流动。根据金融服务章"信息传输"条款，缔约方不得禁止或限制通过电子方式跨境传输金融信息。"计算设施的位置"规定，只要金融监管当局能立即、直接、完整和持续地访问其领土外的计算设施上存储或处理的信息，政府就不得限制金融公司计算设施的位置。同时，USMCA 将"禁止数据本地化"升级为无例外责任，这意味着任何情况下政府都不得将在其领土内使用或放置计算设施作为市场准入条件。

第二，扩大了源代码等专有信息的保护范围。USMCA 规定，不得以转让、访问企业的软件源代码或该源代码表达的算

第二章 全球数字贸易规则主导权竞争激烈

法作为市场准入条件，同时规定了强制披露的情形，以确保主管部门实现合法监管目标的能力。相比而言，CPTPP 源代码条款仅适用于大众市场软件或包含该软件的产品，不包括用于关键基础设施的软件，不适用于政府采购，未明确关键基础设施的范围，也没有将源代码表达的算法纳入。

算法与数据、算力一起并称为信息技术的三大基石，它不仅是大数据、物联网、云计算、人工智能等数字技术核心思想的体现，而且对搜索引擎、社交媒体等平台的运作也至关重要。随着数字贸易快速发展，算法的作用还将加速扩大。但是对于算法治理，各方还有很大争议，其中，禁止公开算法与算法透明度之间的冲突尤为突出。USMCA 对算法加以保护，完全是为了维护谷歌、脸书、亚马逊等美国互联网巨头在算法上的竞争优势而量身定做的。

第三，增加了互联网服务提供者的责任限制条款。USMCA 新规定了"交互式计算机服务"，即互联网服务，具体是指提供或允许多个用户对计算机服务器进行电子访问的系统或服务。互联网服务提供者原则上不得被视为信息内容提供者，对于用户在互联网上传输信息导致的侵权行为，作为中间服务商无需承担法律责任互联网。互联网服务提供者日趋平台化，全球互联网巨头都是大型平台企业。例如，微软公司有 Azure 云服务平台、苹果公司拥有 App 应用商店平台。

第四，增加了开放政府数据的软法条款。USMCA 首次将"开放政府数据"写入贸易协定。如果政府选择向公众提供政府信息，包括数据，则应努力确保采用机器可读和开放的格式，并且可以被搜索、检索、使用、重复使用和重新分发。由于大量可利用、可开发、有价值的数据都集中在政府，这一规定将大大推动政府公共数据的开放，从而增加和创造商机。当然，"应努力确保"的表述使得该条款不具有法律约束力，但即使没有强制执行力和司法救济的保障，政府一般也会遵守开放政府数据规则的指引，并且，如果政府违背义务，那么将面临来自其他成员国的政治外交压力。同时，这一条款也将对政府开放敏感数据和重要数据带来一定的挑战。

2. 《美日数字贸易协定》对CPTPP的改进

美国和日本利益诉求相似，因此，《美日数字贸易协定》基于两国相似的利益诉求，沿袭了USMCA跨境数据流动、计算设施位置、源代码、交互式计算机服务、开放政府数据等条款，强化了有关数字税收和数字技术的贸易规则，意图打造全球"黄金标准"。

第一，增加了数字产品跨境交易国内税的相关规定。秉承WTO《全球电子商务宣言》中"电子传输免关税"的规定，删除了USMCA不妨碍国内税费征收的规定。纳入"税收"条款，专门规定数字产品非歧视待遇原则上适用于所有税收措施，包括国内税。如果日本不对本国在线提供的数字产品征税，一般也不得对美国跨境向日本提供的同类数字产品征税。近年来，新西兰、澳大利亚已经开始对服务和数字产品的进口征收商品服务税，欧盟也即将对跨境在线销售货物和服务征收增值税。

第二，增加了加密信息通信技术（information and communications technology，ICT）产品的专门规定，要求不得以转让、访问有关密码技术的专有信息作为ICT产品市场准入条件，包括披露私钥或其他秘密参数、算法规范等特定技术或生产过程，不得要求制造商或提供商与当地企业合伙、合作开发、制造、销售、进口、使用ICT产品，也不得要求其使用、集成特定的密码算法或密码。同时，不少国家却要求科技公司在必要时解密用户资料以协助打击犯罪，如澳大利亚通过《反加密法》，英美等国家也要求科技巨头在加密设备中开设"后门"，这也反映了这些国家的双重标准。部分国家和组织数字贸易政策倾向及进展如表2-2所示。

表2-2 部分国家和组织数字贸易政策倾向及进展

国家和组织	倾向	进展
美国	力推跨境数据自由流动、数据存储非强制本地化、源代码非强制开放、倡导技术中立原则、独创"否定列表"制度	通过一系列多双边贸易协定予以明确，突出表现是2018年签订的《美加墨自由贸易协定》（USMCA）和已经退出的TPP
中国	推动数字产业化、推进产业数字化、服务数字化治理、深化开放合作	参与金砖国家、中俄、中欧多边和双边机制，在WTO框架内提交有关电子商务的议案
欧盟	跨境数字自由流动（但必须保护个人隐私）、保护数字知识产权、倡导文化例外原则	以2005年《欧盟—智利自由贸易协定》的签订为代表，通过其多双边贸易与投资协定推行其主张，如欧盟—新加坡FTA（2019）、欧盟—越南FTA和欧盟—日本经济合作协议（EPA）等
日本	数字知识产权保护、数据隐私保护和公平开放的数字贸易环境	在WTO框架内递交提案讨论数字贸易规则，通过缔结的区域贸易协定推进其数字贸易规则倾向

资料来源：作者根据公开资料整理。

（三）国家间数字贸易规则分歧明显

受地缘政治、国家安全、隐私保护、产业发展水平等因素影响，全球数字贸易规则体系尚需进一步完善。

1. 数据隐私保护与政府数据公开

数据隐私保护涉及消费者保护、个人数据隐私保护、跨境数据流动及政府访问隐私数据等数字贸易规则，是各国重视的核心问题。政府数据的公开有助于私人机构决策，USMCA 是全球首个纳入"公开政府数据"条款的贸易协定，随后的《美日数字贸易协定》也纳入此条款。

2018 年 5 月欧盟出台了旨在保护欧盟公民数据隐私的《通用数据保护条例》(general data protection regulation，GDPR)，成为诸多国家的数据隐私保护参考范例。2019 年，法国数据保护机构完成了 GDPR 生效后第一案，对谷歌实施违规处罚。2020 年 7 月，欧盟最高法院驳回欧美签订的数据跨境传输协议，在数据共享与数据主权之间做出平衡。

日本 2003 年颁布的首部数据保护法《个人信息保护法》，也是亚洲首批颁布的数据保护法规之一，分别于 2017 年 5 月和 2020 年 3 月对《个人信息保护法》进行了两次修订。《日欧经济伙伴关系协定》允许日本和欧盟的公司之间共享个人数据，而无需额外的安全检查，数据隐私保护措施达到世界一流标准。日本要求涉及国家安全的数据本地化储存，设立了"个人信息保护委员会"作为独立的第三方监管机构，并制定了向境外传输数据的规则和指南。

全球范围内越来越多的国家为促进国内企业创新发展，要求企业实行数据本地化存储、管理,其中包括了俄罗斯、土耳其、加拿大等国家。俄罗斯联邦法规定:"必须使用位于俄罗斯的服务器来处理俄罗斯公民的个人数据。"土耳其要求所有 E-SIM 技术相关结构、服务器、软件和设备由授权运营商在土耳其境内建立,所有数据在境内保存。

2. 数字税收征管面临多重挑战

数字贸易的发展给全球税收体系造成巨大挑战,一是税收征管的范围由线下加速向线上拓展,征税对象呈现出数字化、虚拟化、隐蔽化等特点,许多交易信息被隐藏,导致企业利润难以有效衡量;二是互联网企业的数字服务突破了时间和空间约束,跨区域、跨国界经营成为常态,经济活动可能同时面临多个不同的税收监管主体,可能出现跨国企业转移到税率最低的国家报税的现象。比如大量互联网科技企业巧妙地运用"荷兰三明治"法避税,在税率较低的爱尔兰、卢森堡等国申报企业所得税,合法地保留了庞大的海外利益。根据有关机构整理数据,2017 年谷歌、脸书、亚马逊、eBay 等超大型跨国数字企业在获取高额收入的同时,纳税收入比却不足 2%,最低的亚马逊竟然只有 0.1%,远低于传统企业,具体如表 2-3 所示。

表 2-3 2017 年超大型跨国数字企业收入和纳税情况

公司	收入(亿英镑)	纳税(亿英镑)	纳税/收入(%)
谷歌	76	0.49	0.6
脸书	13	0.16	1.2
亚马逊	87	0.045	0.1
eBay	10	0.016	0.2

资料来源:中国信息通信研究院《全球数字经济新图景 2020》。

数字服务税的分歧集中于美国和其他国家，美国坚决反对征收数字服务税，特别是单边征收数字服务税的做法。美国的超大型互联网企业数量冠绝全球，业务覆盖了全球主要国家和地区。一旦各国开始征收数字服务税，苹果、谷歌、亚马逊、微软、脸书等美国企业将成为最主要的征税对象。2019 年 7 月，美国贸易代表办公室宣布对法国政府将要通过的数字服务税法案发起调查。2020 年 6 月，美国贸易代表办公室宣布对多个贸易伙伴的数字服务税发起"301 调查"，其中包括欧盟和英国、土耳其、巴西、印度和印度尼西亚等国家，紧接着宣布退出国际数字服务税谈判。《美国—日本数字贸易协定》首次在协定中引入数字税条款，允许缔约方对数字产品和服务征收数字税，但必须符合对数字产品的非歧视性待遇，并列明适用范围。部分国家和组织数字税征收概况见表 2-4。

表 2-4　部分国家和组织数字税征收概况

国家和组织	数字税征收概况
欧盟	2018 年 3 月，欧盟委员会提议对数字服务企业在价值创造中发挥主要作用的总收入征收 3%的数字服务税（digital service tax，DST）
法国	自 2019 年 1 月 1 日起，对包括在法国生产产品或提供应税服务的在线广告、线上销售和平台佣金等业务获得的国内收入征收 3%的数字服务税；征税对象为全球数字业务年营业收入超过 7.5 亿欧元的跨国互联网企业，同时在法国境内年营业收入超过 2 500 万欧元的企业，如谷歌（Google）、亚马逊（Amazon）和脸书（Facebook）
英国	自 2020 年 4 月 1 日起，对从英国用户获得价值的搜索引擎、社交媒体服务和在线市场的收入征收 2%的 DST
韩国	2014 年，通过修订增值税（VAT），使数字服务的征税范围，扩展至外国公司或个人提供的音频、视频、游戏和软件

续表

国家和组织	数字税征收概况
匈牙利	于2014年开始征收广告税,并采用累进税率,俗称"Google税";2017年和2018年调整后,税率为7.5%
印度	2016年引入均衡税,对非居民提供线上广告服务的总收入征收6%的税收
意大利	2017年引入数字交易税,对企业通过互联网或电子平台,向意大利企业提供服务收取的对价征收3%的数字交易税

资料来源:中国信息通信研究院《全球数字经济新图景2020》。

(四)我国数字贸易规则体系有待完善

加入WTO后,我国国内政策和立法有较大突破,但自由化与便利化程度仍处于跟随者地位,数据相关立法滞后,尚未建立起与高标准数字贸易规则对应的国内法律体系。在我国已经签署的19个自贸协定中,只有《中国—韩国自贸协定》(2015年)、《中国—澳大利亚自贸协定》(2015年)、《中国—新加坡自贸协定升级》(2018年)三个协定包含电子商务条款,但只包含电子认证和电子签名、网络消费者保护、个人信息保护、无纸贸易等浅层规则,条款内容相对简单,有些仅作原则规定,对于数据自由流动、数据存储本地化非强制性、数字产品待遇、知识产权、个人隐私数据保护等规则尚未形成明确指引,与世界高雄心水平的诉求存在很大分歧。

数字核心技术的缺乏制约了网络综合治理能力和数字贸易规则体系的提升,这也导致中国与发达国家在核心诉求上仍有较大分歧。与欧美国家相比,我国在关键核心技术和生产工艺等方面仍存在较大差距。根据联合国贸发会议（UNCTAD）前沿技术准备度指数，美国、瑞士和英国分居前三位，我国仅居25位。美英两国是数字技术先行者，PC和万维网等20世纪几乎所有重要发明均诞生于两国。挟20世纪之余威，美国至今仍引领着核心技术的发展方向，2015年发布全球首个具有跨行业适用性的工业互联网参考架构，工业互联网联盟成员超过170个。瑞士洛桑国际管理学院2019年发布的《世界数字竞争排名》显示，美国、新加坡、瑞典、丹麦、瑞士、荷兰、芬兰、中国香港、挪威和韩国位列全球数字竞争力前10，中国内地位列第22位。2020年，中国数字经济占GDP比重达到36.2%，位居第9位，依然低于德国、英国、美国、韩国、日本等国家。数字技术领域的重要发明见表2-5。

表2-5 数字技术领域的重要发明

名称	发明时间	发明者	国家
电子计算机	1946年	宾夕法尼亚大学	美国
晶体管	1947年	贝尔实验室肖克利、巴丁、布拉顿	美国
集成电路	1958年	仙童公司罗伯特·诺伊斯，德仪公司杰克·基尔比	美国
阿帕网	1969年	高级研究计划局	美国
微处理器	1971年	特德·霍夫	美国
移动电话	1973年	摩托罗拉公司马丁·库帕	美国
PC	1975年	Altair 8800	美国
万维网	1989年	欧洲核子研究中心蒂姆·伯纳斯-李	英国

资料来源：https://mp.weixin.qq.com/s/07vZMTK66e2Q89JxOWOs2g。

国家对于数字经济的监管自2021年逐步重视，《数字安全法》《个人信息保护法》先后出台，诸多垄断行为得到纠正，期望引导中国的互联网企业放弃以规模取胜的发展模式，转移到重视数字关键核心技术研发、抢占国际规则制高点的高质量发展道路。

（五）青岛对数字贸易全球治理的支撑

近年来，青岛市大力发展智能家电、集成电路、人工智能、虚拟现实、软件和信息技术服务业等数字经济重点产业，一批引领性产业项目快速落地或投产，其中包括总投资160亿元的融合光电显示新材料生产基地、总投资130亿元的海尔卡奥斯工业互联网生态园、总投资81亿元的京东方移动显示模组制造工厂、歌尔微电子智能传感器生产基地等。这些项目为青岛数字贸易的加速发展奠定了良好基础，同时也为我国参与数字贸易全球治理体系提供了实体经济支撑。

第三章 "一带一路"倡议加快中华民族伟大复兴进程
CHAPTER 3

1935年10月，长征途中的毛泽东登上岷山，有感而作《念奴娇·昆仑》，"而今我谓昆仑，不要这高，不要这多雪。安得倚天抽宝剑，把汝裁为三截？一截遗欧，一截赠美，一截还东国。太平世界，环球同此凉热"，其渴望和平、与世界休戚与共的愿望溢于言表。与我国伟人的宏大胸怀和美好心愿形成鲜明对照的是被西方政治家奉为经典的地缘政治学。地缘政治学兴起于19世纪工业革命后期，从地理学角度研究掌握全球性或地区性事务的控制力，逐步发展成为西方大国争霸的理论基础。

进入21世纪，经济全球化深入发展，各国利益深入交融，已经形成"你中有我、我中有你，一荣俱荣、一损俱损"的发展格局。时代的进步使国际合作超出了"地理环境+政治权力"的狭隘认知，"冷战"思维、"零和博弈"愈发陈旧落伍。但这并不妨碍我们从地缘政治经济角度出发去认识世界地缘格局，"取其精华，去其糟粕"，进一步探索完善构建人类命运共同体的理论体系。

一、西方地缘战略理论视角下的世界格局

地缘政治是政治地理学的理论分支,从地理角度考察全球背景下国家间政治关系,把地理因素视为影响国家政治行为的基本因素之一,是为制定国家战略而开展的外部环境研究。拿破仑曾将"战略"定义为"以军事和外交的方式使用时间和空间的艺术"。

(一)海权论

美国海军军官阿尔弗雷德·塞耶·马汉 1890 年发表了风靡世界的《海权对历史的影响:1660—1783》,集中反映了他的"海权论"思想。这部著作适应了帝国主义对外侵略扩张的需要,增强了美国的海洋意识。然而,马汉海权论的实质是制海权战略,是任何拥有海军的国家都能实施的战略,他没有触及海权的本质。乔治·格罗特在《希腊史》第五卷中使用的海权概念,比马汉至少早 300 年。海权源于古希腊语中的"thalassokratia",是指相对较弱的国家(历史上的雅典、威尼斯、迦太基、荷兰、英国等)为获得大国地位,有意识地构建以海洋为中心的文化和身份,与其他海权国家形成联盟以保护海洋贸易,是一种由包容性政治促成的文化选择,而不是海军力量较量的结果。在 21 世纪的今天,唤醒西方自由贸易国家的海权文化遗产,有助于架起海陆文明对接的桥梁,促进全球化和自由贸易。

(二)陆权论

19 世纪末,随着工业的迅速发展和陆地机械运输革命的发

生,海权逐步让位于陆权。现代地缘政治之父——英国地理学家与地缘政治学家哈尔福德·麦金德1919年发表的《民主的理想与现实》提出了"心脏(中心)地带"的概念,包括中国、印度、中亚和欧洲西部的人口稠密地区,但不包括中东,中东作为"通道地带"连接欧洲与印度。麦金德将世界分为三个区域,一是欧亚大陆中心的内陆区域,二是位于边缘的"内新月形地带",三是近海岛屿、美洲、澳大利亚构成的"外新月形地带"。欧亚大陆中心那片以草原和沙漠为主的区域是一个巨大的天然要塞,自然条件使它历来是海上人无法到达的场所。

英帝国霸权让位于美国,地处新月形外围的美国与麦金德的三段论对不上号,"边缘地带论"应运而生。荷兰裔美国地缘战略学家尼古拉斯·斯皮克曼根据两次世界大战都发生在边缘地区(麦金德所说的内新月地区),都是通过海权国家(如英美)与陆权国家(如苏联)联合战胜边缘地带国家(如德日)的事实,得出边缘地带是海上强国与陆上强国发生冲突地带的结论,"谁控制了边缘地带,谁就控制了欧亚大陆;谁控制了欧亚大陆,谁就控制了世界的命运"。此后,兹比格涅夫·布热津斯基把斯皮克曼的"区块"简化为棋盘上的10个关键棋子,5个是地缘战略棋手国家,包括法国、德国、俄罗斯、中国和印度;还有5个是地缘政治支柱与战略轴线国家,包括乌克兰、阿塞拜疆、韩国、土耳其和伊朗。

(三)地缘经济战略

美国地缘经济研究发起于20世纪80年代末至90年代初。

"冷战"的结束从实质上改变了国际关系,贸易和经济增长对全球事务的影响增大,合作共赢在增进安全、保障人权和传播民主方面的作用日益凸显,地缘经济学孕育而生。1990年,时任美国国防部高级顾问爱德华·勒特韦克针对"冷战"后的国际体系,首次系统阐释了"地缘经济"概念。受地缘政治学影响,美国地缘经济学仍然带有浓重的地缘政治战略色彩。奥巴马政府将"新丝绸之路"计划付诸实施,以经济内容为主的"新丝绸之路"计划替代军事行动,反映了美国从地缘政治到地缘经济的战略转变。为减轻中亚国家疑虑,美国还将促进政治民主目标降至次要地位,以经济合作吸引重视主权独立的中亚国家参与。

二、"一带一路"成为拉动经济全球化新引擎

当今,面对世界百年未有之大变局,以习近平同志为核心的党中央站在时代前沿,提出了共建"一带一路"的世纪性倡议。"一带一路"倡议秉承中华民族天下大同理念,旨在通过经济全球化推动社会全球化,是中国推动全球人类均衡、包容、可持续发展的智慧设计。

(一)合作机制建设快速推进

为推动"一带一路"倡议,中国主导建立了亚洲基础设施投资银行、金砖国家开发银行、丝路基金、上海合作组织开发银行等金融合作机制,辅之以能源发展基金、中国-东盟投资合

作基金、中国—中东欧投资合作基金等侧翼支持,初步形成了基础设施建设融资领域系统性的制度安排。出台《标准联通共建"一带一路"行动计划(2018—2020年)》,搭建起"一带一路"沿线国家标准信息平台,实现了35个沿线国家、5个国际和区域标准化组织的标准信息检索。全面实施《国家道路运输公约》(《TIR公约》),与尼泊尔、老挝、白俄罗斯、格鲁吉亚签署政府间国际道路运输合作文件,与欧亚经济联盟成员国签署关于货物和国际运输工具信息互换的协定,与俄罗斯标准机构签署232项中俄民用飞机互认标准。开展铁路联运"一单制"金融结算融资规则试点,提升中欧班列运行质量和效率。

(二)服务外包合作成效明显

承接离岸服务外包快速增长。美国、中国香港、日本、新加坡、韩国、德国、中国台湾、英国、法国和瑞士是中国大陆前十大离岸服务外包业务来源地。

2019年,承接日本服务外包合同额103.0亿美元,同比增长5.1%;执行额85.8亿美元,增长15.1%,比中国离岸服务外包执行总额增速高5.8个百分点,如图3-1所示。测试服务、电子商务平台服务、人力资源管理服务等领域增长最快。2019年,承接日本测试服务外包执行额13.6亿美元,增长近3倍;电子商务平台服务0.9亿美元,增长1.1倍;人力资源管理服务外包执行额1.3亿美元,增长6.8倍。

韩国是中国离岸服务外包业务的第五大来源地。中韩两国由于双方独特的地理优势及经济的互补性,在贸易领域合作日益

图 3-1 2009—2019 年承接日本服务外包执行额及占比

数据来源：中华人民共和国商务部。

深度融合。2009—2019 年承接韩国服务外包执行额平均增速在十大来源地中最快。如图 3-2 所示，2009—2019 年，中国承接韩国服务外包执行额从 2.0 亿美元增长至 43.4 亿美元，年均增长 36.3%，比同期中国离岸服务外包执行总额年均增速高 10.9 个百分点，承接韩国服务外包执行额占中国离岸服务外包执行总额的比例从 1.9% 上升至 4.5%。信息技术解决方案、人力资源管理、互联网营销推广等领域增长翻倍。2019 年，承接韩国信息技术解

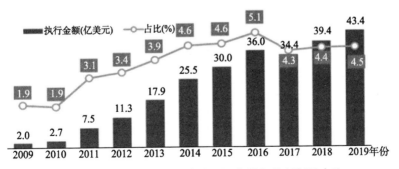

图 3-2 2009—2019 年承接韩国服务外包执行额及占比

数据来源：中华人民共和国商务部。

决方案服务执行额 2 336 万美元，增长近 9 倍；人力资源管理服务执行额 536.7 万美元，增长近 4.5 倍；互联网营销推广服务执行额 1.1 亿美元，增长超过 8 倍；医药和生物技术研发服务执行额 6 020.2 万美元，增长 130.5%。

业务运营服务外包高速增长。2019 年，BPO（商务流程外包）增速远高于 ITO（信息技术外包）、KPO（知识流程外包）增速，业务运营服务外包执行额占比近七成，连续五年保持 20% 以上增速，中国企业承接 BPO 合同额 564.2 亿美元，同比增长 40.0%，是 2016 年以来最高增速，占全部服务外包合同额的 23.9%。其中，人力资源管理服务外包、互联网营销推广服务、采购外包服务等领域增长较快。江苏省、广东省、浙江省、山东省四省是中国服务外包企业主要集聚地，四省服务外包企业数量分别达到 14 205 家、5 503 家、5 378 家、4 799 家，合计占全国企业总量的 28.7%。2019 年东部地区服务外包前五大省市发展情况见表 3-1。

表 3-1　2019 年东部地区服务外包前五大省市发展情况

排名	省（市）	全部执行额（亿美元）	占全国比重（%）	离岸执行额（亿美元）	占全国比重（%）
1	江苏省	512.6	32.4	242.6	25.0
2	广东省	218.5	13.8	122.3	12.6
3	浙江省	158.8	10.0	134.2	13.9
4	山东省	147.7	9.3	128.1	13.2
5	上海市	95.1	6.0	94.8	9.8
合计		1 132.7	71.7	722.0	74.5
全国合计		1 580.8	100	968.9	100

数据来源：中华人民共和国商务部。

中国各省市自治区服务外包企业数量见表3-2。

表3-2 中国各省区市服务外包企业数量

	累计企业家数（家）	2019年新增企业家数（家）
江苏省	124 205	1 274
广东省	5 503	724
浙江省	5 378	403
山东省	4 799	502
江西省	2 750	350
上海市	2 284	137
河北省	2 276	9
黑龙江省	1 932	310
河南省	1 795	133
湖北省	1 688	375
重庆市	1 445	211
北京市	1 443	77
福建省	1 378	275
辽宁省	1 316	45
湖南省	1 268	116
天津市	1 181	80
安徽省	867	97
四川省	866	47
陕西省	701	18
广西壮族自治区	476	226
吉林省	297	7
贵州省	293	113
云南省	150	39
新疆维吾尔自治区	131	45
海南省	35	5
山西省	33	0

续表

	累计企业家数（家）	2019年新增企业家数（家）
甘肃省	29	0
宁夏回族自治区	17	0
内蒙古自治区	11	1
西藏自治区	1	0
青海省	0	0
新疆生产建设兵团	0	0

资料来源：中华人民共和国商务部。

（三）对外投资合作潜力巨大

在"一带一路"国际合作框架下，连接亚欧大陆的中蒙俄、新亚欧大陆桥、中国—中亚—西亚等六大经济走廊基础设施建设加速推进，铁路、公路、航运、航空、能源、通信等领域互联互通成效显著。我国制造业转型升级动力强劲，"一带一路"沿线国家自然资源丰富、劳动力成本低廉，承接中国转出的产业正在成为沿线发展中国家跨越式发展重要动力源。在"一带一路"沿线国家共同推动下，通信设施建设及技术合作扎实推进，国际通信网络建设和互联互通水平不断提高，坦桑尼亚国家ICT（信息与通信技术）宽带骨干网建成运营，中俄、中吉、中缅、中巴等跨境光缆信息通道建设进展顺利，通信技术应用标准、检验检疫、认证认可、标准计量、统计信息等对接互认，为发展数字经济、建设"数字丝绸之路"打下坚实基础。亚洲地区未来依然拥有庞大的基础设施建设需求，具有开展对外投资合作巨大的合作潜力和发展前景。

第三章 "一带一路"倡议加快中华民族伟大复兴进程

亚洲仍是 2019 年中国对外承包工程的第一大市场，占全球市场新签合同额的 54.2%，中国企业在亚洲地区新签约合同额 1 411 亿美元，同比增长 18.2%，其中电力工程建设项目占 29.9%，交通运输建设项目占 22.4%，一般建筑项目占 19.1%，通信工程建设项目占 8.5%。印度尼西亚（140.8 亿美元）、孟加拉国（134.8 亿美元）、沙特阿拉伯（112.9 亿美元）、中国香港（80.6 亿美元）、巴基斯坦（70.6 亿美元）占据前 5 大市场。

2013—2019 年中国对"一带一路"沿线国家累计直接投资 1 173.1 亿美元，位列前十的国家分别是新加坡、印度尼西亚、俄罗斯联邦、老挝、马来西亚、阿拉伯联合酋长国、哈萨克斯坦、泰国、越南、柬埔寨，亚洲地区是中国企业对外直接投资合作的重点区域。2019 年中国内地对亚洲直接投资存量国别和地区分布前十位如图 3-3 所示。

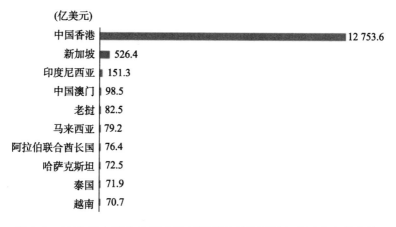

图 3-3 2019 年中国内地对亚洲直接投资存量国别和地区分布前十位

数据来源：商务部、国家统计局、国家外汇管理局《2019 年度中国对外直接投资统计公报》。

2019 年末中国对亚洲直接投资存量行业比重如图 3-4 所示。

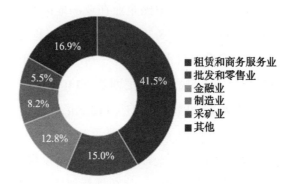

图 3-4 2019 年末中国对亚洲直接投资存量行业比重图
数据来源：商务部、国家统计局、国家外汇管理局
《2019 年度中国对外直接投资统计公报》。

2019 年末中国对"一带一路"沿线国家投资存量前十位如图 3-5 所示。

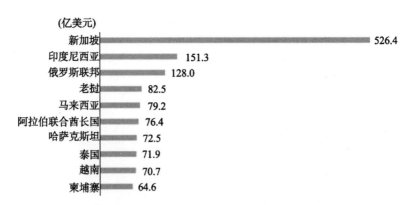

图 3-5 2019 年末中国对"一带一路"沿线国家投资存量前十位
数据来源：商务部、国家统计局、国家外汇管理局
《2019 年度中国对外直接投资统计公报》。

（四）地方合作"样板"有望形成

青岛依托共建"一带一路"这一深受欢迎的国际公共产品和国际合作平台，与沿线国家持续推动基础设施互联互通、经贸投资务实合作、多样文明互学互鉴取得了良好效果，其中包括与"一带一路"沿线 30 个国家的 41 个城市结成友好关系，中国—上合组织地方经贸合作示范区发展被写入《上海合作组织成员国元首理事会撒马尔罕宣言》，上合经贸综服平台成功登录中国国际贸易"单一窗口"，青岛港至共建"一带一路"国家的航线达到 42 条，上合国际枢纽港国际港口代码获得批准等。2022 年，青岛对"一带一路"沿线国家外贸进出口达到 3 194.4 亿元，同比增长 21%，占全市货物进出口总额的比重为 35%。

三、中国构建新发展格局与世界深度融合发展

我国进入新发展阶段，综合国力居世界前列，2022 年全国 GDP 总量为 120 万亿元人民币，人均 GDP 超过 1 万美元，中等收入群体超过 4 亿，超大规模经济基础筑牢世界第二大经济体，即将成为全球最大消费市场，是世界唯一拥有联合国产业分类中全部工业门类的国家，研发规模世界第二，大规模生产能力能够有效分摊高额研发费用。要素禀赋持续改变，投资能力持续快速增长，2018 年，资本形成总额占全球资本形成总额的比重高达 26%，对外投资大国地位继续上升，劳动力占全球比重降至 20%，研发投入占全球比重达到 21.2%，石油、淡水等自然资源要素短缺突出。外贸依存度从 2008 年的 57.6% 下降

到2020年的31.7%。总体看,我国经济发展转向以国内大循环为主体具备了现实条件和可能性,但构建新发展格局不是脱离全球价值链走闭关锁国之路,不能抛开来之不易的在全球价值链中的重要地位,而是继续深度融入全球产业链分工,提高中国在全球产业价值链中的地位,提升中国产业的增值率水平。

麦肯锡全球研究院研究结论表明,中国在贸易、企业、资本、人员、技术、数据、环境、文化八个维度上进一步与世界融合的空间依然较大,其中服务贸易仅占全球6%,移民至中国的人数仅占全球的0.2%,知识产权进口比出口多6倍,跨境数据流动的规模仅为美国的20%,电视剧出口额仅为韩国的1/3。

加强中国与世界的经济联系,放宽对国内服务业的管制,有助于创造富有竞争力的市场环境,提升服务业发展质量和生产率。同时,中国还有潜力向世界输出更多的创新性解决方案,如共同定义全球化数字治理,填补每年约3 500亿美元的全球基础设施投资缺口、解决气候变化问题等。

第四章 东亚共同体成为"一带一路"合作典范

CHAPTER 4

东亚共同体建设具有悠久的历史实践和长期的研究基础，日本学者池田大作、法国学者弗朗索瓦·吉普鲁等曾提出亚洲的地中海、环太平洋命运共同体等区域经济共同体设想。回顾近代以中国南海为核心的亚洲贸易网络形成过程，可为我们今天的区域经济合作提供借鉴。

一、近代亚洲商业贸易网络影响深远

中国以白银为支付手段的转变始于 16 世纪末，一条鞭法、朝贡贸易等制度允许使用白银，加速了白银流入中国的进程。超过全球 1/4 的人口以白银为货币，引起了巨大的需求，并导致了白银的增值。1592 年至 17 世纪初，广州的金银之比为 1：5.5 至 1：7，而在西班牙则为 1：12 至 1：14。此时距离欧洲人发现美洲大陆已近百年，稳定的定期海上航线为白银在世界范围的运输提供了可能，白银的这种价格差则催生了全球性套利的白银贸易，而不仅仅用于弥补欧洲从亚洲购买丝绸、瓷器和香料形成的贸易逆差。16、17世纪的世界交换模式显示，并非是欧洲的扩张给落后的亚洲带来了现代化，相反，是欧洲人投入到了极端发达的亚洲商业网络。随着中国人与外国人的长期交互，催生了特定的商业文化，也促成了新加坡、香港和上海三座城市的崛起，它们之间的贸易网络产生了全球性的影响。事实上，中国与东南亚地区的贸易传统可以追溯到800年前的宋元时代，即使在明代闭关自守期间，华南民间与东南亚之间的来往也不曾中断。

在15世纪末，受葡萄牙王室资助的达·伽马率领船队绕过好望角到达印度，开辟了从西欧直达亚洲的新航路，为西欧各国开辟殖民地创造了条件。葡萄牙最先控制了马六甲王国，在马来世界建立了殖民地。后来兴起的荷兰、法国、英国在这里展开了激烈的竞争，最终英国成了最大的赢家。

1683年收复台湾岛的大清王朝取消海禁，海上贸易蓬勃发展，到达巴达维亚的船只多达1 200艘，大多来自宁波、厦门和广州。此时的贸易商品大多不再是香料和木材，而是广泛多样的农产品和冶金产品，吸引着成千上万福建、广东的劳工和商人前往。这些中国开拓者在东南亚大量定居，在暹罗（泰国旧称）种植水稻，在爪哇种植甘蔗，在廖内和文莱种植黑儿茶和胡椒，甚至在马来半岛提取锡铅铜合金，渐渐在地区贸易中占据优势。曼谷、槟榔屿、马六甲、新加坡、西贡、广州和马尼拉等诸多城市围绕中国南海形成了密集的商业交流网络，"中国南海可以被视作18世纪以来欧亚贸易的重要焦点"，是"亚洲的地中海",可以媲美 14 世纪由意大利的热那亚、威尼斯及西班牙的巴塞罗那组成的全球性市场。

1819 年 1 月底,曾为东印度公司文员的英国行政官莱弗士率队占领新加坡,获得在新加坡建立贸易站的权利,禁止其他国家建立居留地,为英国在东南亚的殖民活动拉开了另一序幕。第一任辅政司法夸尔将新加坡开放为自由港,开展自由贸易仅两年,新加坡贸易额便超过经营 36 年的槟榔屿。为分割利益,荷兰人于 1824 年 3 月与英国签订《伦敦协定》,规定英国不得在苏门答腊岛建立殖民地,荷兰则承认英国对新加坡的统治。为开发新加坡,英国殖民当局大量招募劳动力,马来西亚人、中国人、印度人涌入新加坡。英国殖民当局成功将华人商业网络与英国经济融合,推动新加坡取得快速发展。莱弗士占领新加坡时,岛上只有中国人、马来人等共约 150 人,1824 年达到 10 679 人,1830 年达到 126 710 人,1860 年增至 272 831 人。从 1827 年起华人成为当地人数最多的群体,欧洲人、印度人、马来人和亚美尼亚人也是新加坡人口的重要组成。

完成工业革命的英国工业发展需要更多的原料产地和更大的消费市场,对新加坡的殖民开发也大大加快。1824 年,新加坡港出入船只仅有 3 500 吨,1865 年增至 153 万吨,1930 年达到 3 353 万吨。1846 年,在新加坡中心商业广场共有 20 家英国商业机构,6 家犹太机构,5 家华人机构,5 家阿拉伯机构,2 家亚美尼亚机构,这些商业机构以新加坡为中心,在东南亚地区建立了广泛的商业网。新加坡作为重要的国际贸易中转港口,它的进口及转口货物主要是英国的纺织品和金属制品、中国的茶叶和丝绸、印度的鸦片和纺织品、马来半岛的锡,以及苏门答腊半岛的胡椒和黄金。优越的地理位置及适当的政策促使新加坡迅速发展壮大,到 19 世纪末,取代马六甲成为东南亚乃至全球最重要的转口港之一。

19 世纪下半叶一直到大约 1890 年,上海成为连接英国与东亚的交换枢纽,英国的工业品被进口到上海,然后依靠中国商人网络出口分销至中国内地以及长崎、神户、横滨、釜山和仁川后来也加入了这个网络,开展地区间无边界的商业交换,由此形成了以中国南海、上海为中心的近代亚洲贸易网络,覆盖了日本东京、新加坡、中国香港等大型港口城市。

在 21 世纪的今天,这条北起海参崴、南达新加坡的亚洲海上走廊与近代中国南海一度盛行的商业秩序存在着难以割舍的连续性。改革开放以来,粤港澳大湾区的经贸合作大致经历三个阶段,即入世前基于要素禀赋比较优势的"前店后厂"制造业分工合作、入世后 CEPA 框架下基于服务业市场开放的服务业分工合作和实施高水平对外开放格局下全面提升营商环境的粤港澳深度融合发展阶段。

1997 年香港回归前的粤港"前店后厂"合作模式,是缺乏政府支持下以私人合作为主的自由市场行为,客观上推动了珠三角地区的工业化和城市化,形成集聚经济,而珠三角率先推行市场化改革形成的创业精神和创业活力也降低了交易成本。

港澳回归后,推动服务业合作和产业升级成为粤港澳制度性合作的根本动力。此时正值中国加入 WTO,服务业对外开放步伐大大加快,香港服务业进入内地尤其是珠江三角洲迎来历史性机遇。CEPA 的签订标志着港澳与内地的经济合作进入制度性安排新阶段，投资贸易方面制度性障碍显著减少。国际金融危机后，广东获准对港澳先行先试开展服务业合作，珠海横琴、深圳前海、广州南沙先后获得中央政策支持，推动粤港澳从制造业"前店后厂"向服务业先行先试合作转型，探索粤港澳合作新模式。

党的十八大以来，国家全面推动新一轮对外开放，2015 年 3 月发布的《推动共建丝绸之路经济带和 21 世纪海上丝绸之路的愿景与行动》明确提出打造粤港澳大湾区，《中国（广东）自由贸易试验区总体方案》《CEPA 关于内地在广东与香港（澳门）率先基本实现服务贸易自由化的协议》等政策文件同步发布，广东自贸试验区成为内地与港澳深度合作的重要载体。2017 年签署的《深化粤港澳合作推进大湾区建设框架协议》，提出努力将粤港澳大湾区建设成为更具活力的经济区、宜居宜业宜游的优质生活圈、内地与港澳深度合作的示范区，携手打造国际一流湾区和世界级城市群。

二、东亚供应链网络塑成终局性优势

经过第二次世界大战后几十年的高速发展，世界上多数人口的基本需求获得了有效满足，与此同时，传统大规模制造业所生产的品质趋同、品种单一、廉价耐用的产品已经无法再满足人们的全部需求。为赢得更多消费者，发达国家许多世界大公司于是将其制造过程外包，全身心专注于创新创意和品牌打造等价值链顶端环节。中国的改革开放适时承接了西方国家生产流程大规模外包需求，进驻中国的大型制造类企业与其配套的中小规模民营企业形成了庞大的供应链网络，推动中国制造业实现了快速崛起。中国经济的崛起受益于西方国家的创新经济拉动，同时也得益于又一轮世界层面的技术跃迁。这一轮主要由信息技术促成的管理革命，带来企业组织形式的变迁，使得生产上的大规模外包成为可能与必需，促成了中国经济和社会结构的深刻变化。

（一）中国供应链网络的规模效应

中国建立的一流基础设施、超大规模的人力资源是供应链网络能够正常有序运转的重要条件。中国承接上游发包公司并面向全球销售，下游承包方得以面向全球市场生产，电子商务进一步释放了中国超大规模市场潜力，市场的内外贯通进一步催化了供应链网络的内部分工，供应链网络的效率和弹性继续放大。世界银行《2019年全球产业发展报告：全球化世界中的技术创新、供应链贸易和工人》显示，2017年我国取代日本成为亚太区域供应链核心。中国以"世界工厂"闻名于世，实际上这一头衔冠于整个东亚地区更为合适。中国从其他东亚、东南亚国家和地区大量进口零部件、半成品，在中国完成总体组装再向全世界出口，整个东亚被整合为一个巨大的制造业集聚区，满足了全世界对一般制成品的需求。

供应链网络在相当程度上改变了制造业的成本结构，供应链管理能力使得成本控制的关键发生了变化，劳动力、土地价格已经不再是制造业成本的决定性要素,这也是 21 世纪的中国在劳动力、土地成本大幅上升情况下,制造业能更快速发展的原因所在。供应链网络规模越大,内部节点就越多,互为配套组合的可能性就越多,网络的弹性就越好。每个企业都与极大量的其他企业互为配套关系,即使它只生产非常专门的东西,也能够达到世界级量产。

由此推断,中国当年承接制造业外包的历程难以复制,中低端制造业向以中国为中心的东亚制造业集聚区转移是终局性的。现有东亚制造业集聚区的制造能力已经能够满足全球需求,新崛起区域很难与东亚就制造业进行竞争。近年来部分制造业从中国向东南亚转移,这是东亚制造业集聚区内部结构性重构,中国的压倒性规模使得供应链重构始终以中国为中心。只有对供应链要求不高并且对于远距离物流成本敏感的制造业,才可能从东亚制造业集聚区转移出去,诸如玻璃、低标号水泥、粗陶瓷等。麦肯锡的研究结论也印证了这一判断,中国在很多产业细分领域已经形成强大的产能和完备的国内分工体系,经济对外依存度有所下降,而世界经济对中国的依存度却在上升,越来越多的外资企业已经深度融入了中国供应体系(见表 4-1)。

随着中国产业链、供应链的安全导向进一步强化,一方面,超大规模国内市场优势将有力支撑产业高质量发展和消费升级,促使中国国内价值链更具内生性;另一方面,世界第一贸易大国国内市场的崛起,有可能进一步拉低全球贸易强度,制约全球价值链在地理空间上的延展,中国对于全球价值链的相对优势将进一步增强。中国抗击新冠疫情展现出的制度优势刺

表 4-1 技术、劳动密集型商品和资源价值链对中国的贸易依存度

价值链类型	行业	贸易强度	中国占全球出口总额的比重(%)		中国占全球进口总额的比重(%)	
			2003—2007年	2013—2017年	2003—2007年	2013—2017年
高度整合	计算机、电子和光化学	高	15	28	12	16
	电气设备	中	16	27	7	9
	其他机械	中	7	17	8	9
高度依存于中国出口	纺织、服装和皮革	较高	26	40	5	5
	家具、安防	高	17	26	2	4
	其他非金属矿产	低	11	22	5	8
	橡胶、塑料	较低	10	22	5	7
	其他金属制品	中	8	13	8	8
高度依存于中国进口	采掘	较高	1	1	7	21
	化工	中	4	9	2	12
	纸和纸制品	较低	3	9	6	12
GVC对中国依存度低	其他运输设备	高	3	6	3	5
	制药	中	2	4	1	3
	机动车及拖车	中	1	3	2	7
	焦炭、成品油	较低	2	4	4	6
自产自销	食品、饮料、烟草	低	3	4	3	6
	金属制品	低	14	23	2	3
	木材及木制品	低	11	23	2	3
	印刷和媒体	低	8	18	2	4
	农业、林业和渔业	低	5	5	7	19

资料来源：根据麦肯锡2019年7月发布的《中国与世界：理解变化中的经济联系》整理所得。

激国际投资再度加速流入，2020年国际直接投资下降42%，但中国吸收外商直接投资达到1 630亿美元，超越美国成为世界

第一，这表明，强劲的经济韧性正在转化为全球供应链体系对中国市场潜力和产业配套的高度黏性。

（二）中国推动世界经济结构重塑

由于供应链网络的规模效应，中国的经济崛起带来了全球经贸格局的深刻变化，国际经贸结构从沃勒斯坦世界体系理论的"中心—边缘"结构逐渐向"8字形"循环结构的转型，即中国与发达国家间的经贸关系构成第一循环，中国向发达国家出口制成品，进口技术、资金以及各种高端服务业贸易；中国与其他国家间的经贸关系构成第二循环，中国向发展中的亚非拉国家出口制成品、进口原材料等，两个循环通过中国而联系起来。

中国以一种沃勒斯坦完全无法想象的方式实现经济崛起，推动世界经济结构发生重大变化。中国的经济崛起带动低端制造业进入非线性速度增长，对原材料形成巨大需求，由此成为全球经贸循环中的枢纽性存在。虽然这个正在浮现的新结构还只是一个次级结构，但它无疑有着越来越大的影响。

在"中心—边缘"结构下，发达国家曾经直接与发展中国家进行制成品与原材料的贸易，但随着全球制造业秩序的转型，发达国家由于经济结构的升级，已经难以对发展中国家的经济形成有效拉动作用。从20世纪80年代到20世纪末，发达国家经济增长较快，但是许多发展中国家，尤其是非洲国家的经济、社会乃至政治却全方位滑坡。这是因为原材料产业只能对接中低端制造业，很难与高端制造业、高端服务业对接。20世纪80年代之后，发达国家产业梯次与非洲国家差距日益拉大，两者在经常项目下的经贸规模变得非常小,无法形成经济拉动关系。直到 21 世纪初中国经济崛起,中低端制造业进入非线性速度增长,发展中国家才重启其经济增长进程。中国由此成为全球经贸循环过程中不可或缺的枢纽节点。

过去的"中心"是提供资本、技术、法权秩序和制成品的西方国家,"边缘"提供原材料,国际贸易利润分配偏向于"中心"国家,正在形成的"8字形"循环结构使得"中心"发生裂解。裂解开的制造业秩序和资本、法权秩序形成制衡关系,中国与西方国家的积极博弈使得发展中国家在国际经济秩序中有了不同于以往的权重,博弈的双方会竞相从边缘地区争取盟友,这在未来将会逐渐呈现为一系列的国际贸易谈判进程以及国际贸易规则安排,边缘国家在贸易红利分配中获得更大份额。

三、东亚经济一体化取得突破性进展

习近平主席在 2015 年博鳌亚洲论坛年会开幕式上的演讲,为亚洲经济一体化画出了"路线图",中国和东盟国家将携手建设更为紧密的中国–东盟命运共同体,东盟和中国、日本、韩国致力于建成东亚经济共同体。中国将积极构建亚洲自由贸易网络,在推进亚洲经济一体化的同时,协调推进包括亚太经合组织在内的跨区域合作。

(一)东亚经济共同体发展历程

东亚经济共同体的构想最早出现于 1990 年马来西亚时任

总理马哈蒂尔提出的建立"东亚经济集团"构想,后来改称"东亚经济论坛",但因美国反对、日本消极,未能启动。1997年,亚洲金融危机的爆发促使东亚国家加快了地区合作的步伐,首次东盟与中、日、韩(当时为9+3,1999年柬埔寨加入东盟后成为10+3)领导人非正式会晤于年底在马来西亚吉隆坡举行。在2000年的"10+3"领导人会议上,我国时任总理朱镕基提议将"10+3"定位为东亚国家合作的主渠道,韩国时任总统金大中提出了建立"东亚经济共同体"的主张。

2001年,由东亚各国专家学者组成的"东亚展望小组"向当时的第五次东盟与中日韩领导人会议提交了题为"迈向东亚共同体:和平、繁荣与进步的地区"的《东亚展望小组报告》,第一次全面系统地阐明了"东亚共同体"的构想和东亚合作蓝图规划,是东盟国家和中日韩三国首次对"东亚共同体"建设的共同认可。2005年底,第九次"10+3"领导人会议和首次东亚峰会发表《吉隆坡宣言》,正式把东亚共同体作为东亚合作的长期目标,确立"10+3"领导人会议以"东亚自由贸易区"为目标,东亚峰会以"东亚全面经济伙伴关系协定"为目标,分别推进了东亚共同体的进程。自此,东亚共同体建设在"10+X"框架下快速发展,东盟"10+1""10+6"等大量双边或多边自贸协定和经济伙伴关系协定进入谈判、建立和生效阶段,区内贸易、投资、金融合作水平大幅提高。值得注意的是,在这期间日本曾提出过2002年的"小泉构想"、2006年的"东亚经济伙伴关系协定构想"和2009年的"鸠山构想"等日本版"东亚共同体"建设的构想和实践,试图建立以日本为主导,囊括东亚 13 国以外的澳大利亚、新西兰、印度甚至美国等国家进入东亚的合作机制。

这期间，作为东亚经济共同体的重要组成部分，东盟共同体的建设取得重大进展。1997 年 9 月，第二届东盟领导人非正式会议发表了《东盟 2020 愿景》，提出了"东南亚共同体"构想。2003 年 10 月，第九届东盟峰会正式宣布东盟致力构建包括政治安全共同体、经济共同体和社会文化共同体三部分的东盟共同体。2007 年 1 月宣布将东盟共同体建立的时间从 2020 年提前到 2015 年。2009 年 2 月，第十四届东盟峰会通过《东盟共同体 2009—2015 年路线图宣言》，规定了东盟三类共同体建设的具体目标、措施和时间表。2015 年底，东盟共同体正式宣布成立，在政治安全、经济、社会文化一体化进程方面取得重大进展。东盟此后制定了《后 2015 东盟共同体愿景》，通过了《东盟迈向 2025 年吉隆坡宣言》，规划了未来十年东盟共同体建设路线图，提出 2025 年实现东盟经济共同体。

李克强总理在第二十次东盟与中日韩（"10+3"）领导人会议上系统提出了关于建设东亚经济共同体的中国主张，坚持东盟的中心地位，坚持协商一致、开放包容、照顾各方舒适度的"东盟方式"，以"10+3"合作为主渠道，以东盟与中、日、韩三组"10+1"合作为基础，以中日韩、澜沧江－湄公河、东盟东部增长区等区域合作为补充，推动东亚经济共同体健康稳定可持续发展。

（二）金融货币领域合作成效明显

经历了 1997 年和 2008 年两次金融危机的冲击，东亚国家

第四章　东亚共同体成为"一带一路"合作典范

加强了金融货币领域的合作,尤其是致力于建立稳定的区域货币秩序和机制。早在 1997 年亚洲金融危机初期,日本曾提议建立由中日韩和东盟出资的亚洲货币基金组织,作为东亚区域性国际金融机构,因遭到美国和国际货币基金组织的反对而流产,东亚被迫转向更低层次的合作形式。1999 年,在东盟"10+3"领导人峰会机制下的由"10+3"成员国财长和央行行长组成的"10+3"财金合作机制正式启动,成为东亚货币合作的重要政治框架。2000 年,"10+3"成员国签署"建立双边货币互换机制"的协议,即清迈倡议,成员国相互签署双边货币互换协议。2003 年开始,在我国时任总理温家宝提议下,开启了清迈倡议多边化研究。2008 年金融危机后,东亚金融货币合作进一步加强,各国达成清迈倡议多边化协议,并决定建立东亚外汇储备库,2009 年将筹建中的区域外汇储备的规模由 800 亿美元扩至 1 200 亿美元,东亚外汇储备库正式建立。2012 年东亚外汇储备库资金规模再次得到提高,扩大至 2 400 亿美元。2016 年,作为清迈倡议多边化机制独立监测机构的"10+3"宏观经济研究办公室正式成为国际金融组织。随着中国"一带一路"建设的推进,丝路基金、亚投行的建立,也为东亚地区金融合作创造了新的机会和动力。《清迈协议多边化协议修订稿》和《清迈倡议多边化协议特别修订稿》分别于 2020 年 6 月 23 日和 2021 年 3 月 31 日正式生效。区域货币合作通常要经历危机救援机制、汇率协商与合作、区域汇率机制以及引入单一货币几个步骤,东亚金融货币合作还需进一步加强。

（三）数字丝绸之路建设加快推进

东盟作为全球第四大互联网用户集聚区，互联网用户平均上网时长高于全球平均水平，具有规模庞大的数字用户基础。东盟国家大多处于工业化中期或初期，数字产业发展于起步阶段，数字经济将迎来加速发展期。

1. 数字经济合作机制不断完善

近年来，中国与东盟基于中国–东盟（"10+1"）领导人会议、"一带一路"倡议、澜湄合作等多边和双边合作机制，形成以中国–东盟领导人会议、中国–东盟电信部长会议两大政府间对话机制为重点，以行业组织、企业、智库合作机制为补充的多层次合作机制体系，推动"数字丝绸之路"建设进入全方位发展新阶段。

2017年12月，中国与老挝、泰国等国共同发起《"一带一路"数字经济国际合作倡议》，致力于实现互联互通的"数字丝绸之路"。东盟成员国于2019年1月签署了《东盟电子商务协议》和《东盟数字融合框架》，确立了东盟参与"数字丝绸之路"的整体性政策框架。2019年11月，中国与东盟领导人发表了《中国–东盟关于"一带一路"倡议与"东盟互联互通总体规划2025"对接合作的联合声明》《中国–东盟智慧城市合作倡议领导人声明》《深化中国–东盟媒体交流合作的联合声明》等合作文件，明确了双方在数字经济领域的合作重点和方向。考虑到东盟国家数字经济发展阶段差异，与数字经济发展基础较好的新加坡、马来西亚等国家，重点对接数字技术、智慧城市等领域,与泰国、菲律宾、柬埔寨等相对薄弱国家加强数字基础设施和数字化转型等方面合作。中国已与泰国建立"数字经济合作部级对话机制",与越南、柬埔寨分别签署"电子商务合作谅解备忘录"。建设"数字丝绸之路"使得跨境数据流动更加频繁,需要各国政府在隐私保护、数据安全、产业竞争和税收等领域加强合作,完善跨境数据传输立法,建立争端解决机制,强化网络安全和风险预警,强化互信,共享数字经济发展成果。

2. 数字经济合作成效明显

随着东盟对数字经济发展需求增加,中国-东盟数字经济合作由信息基础设施建设、跨境电商,拓展至智慧城市、网络安全、人工智能等领域,合作规模越来越大。中国设计的马来西亚—柬埔寨—泰国海底光缆系统2015年启动建设,中新(重庆)国际数据互联互通专用通道于2019年开通,南宁跨境电商综合试验区成为具有东盟区域特色的跨境电商集聚地。中国-东盟信息港依托南宁、厦门、杭州、济南、昆明、深圳、南京、成都等城市,实施市场化运作,建设面向东盟的国际通信网络体系和信息服务枢纽。中国数字经济领域龙头企业加速布局东盟市场,投资建设的数字支付、内容服务平台覆盖印度尼西亚、马来西亚、缅甸、泰国、菲律宾和越南等东南亚主要市场。阿里巴巴联合马来西亚建设打造中国以外的第一个数字自由贸易区,成为全球抗"疫"救援和恢复生产的关键通道。

(四)RCEP重构亚洲区域价值链

2012年东亚峰会期间,除美俄外的16国领导人在东盟倡导下决定启动区域全面经济伙伴关系（regional comprehensive economic partnership，RCEP）谈判，东亚一体化和东亚共同体建设逐渐重拾动力。2020年11月，《区域全面经济伙伴关系协定》正式签署，旨在通过削减关税及非关税壁垒建立统一市场，独具特色的原产地规则（"区域累积原则"）将显著降低企业投资生产成本。RCEP首次在中日韩国三国间同时架起自贸协定桥梁，填补了中日、韩日间自贸安排的空白。

2020年，RCEP 15个成员涵盖全球达22.7亿人口，占全球人口的29.7%，GDP达26万亿美元，出口总额达5.2万亿美元，占全球总量约30%，是世界面积最大的自由贸易区。中国对RCEP其他14个贸易伙伴的进出口总值10.2万亿元人民币，占中国外贸总额的31.7%。RCEP 15国中有5国人均GDP超过3万美元、3国（人均GDP 8 000～11 000美元）接近世界平均水平、3国（人均GDP 3 400～4 200美元）处于世界中低收入水平、3国（人均GDP 1 300～2 600美元）处于世界低收入水平[①]，这显示出其巨大的包容性。

RCEP下的中国对外开放呈现大规模、高水平、强力度等特点，对其他成员国90%以上商品逐步减免进口关税，对服务产品采取"负面清单"减让模式，首次达成"投资负面清单"，首次在国际协定中纳入"数据流动"规定。中国企业和产品将在"主场"迎接来自日本、韩国、新加坡、澳大利亚、新西兰等发达经济体的挑战，有利于保持和提升在全球的产业分工地位。

---

① 国际货币基金组织2021年4月公布数据。

RCEP 的达成将促进区域内经济要素自由流动，强化成员间生产分工合作，重构亚洲区域内价值链分工关系，加深中国与周边经济体经贸关系，发挥中国在区域经济合作中的引领作用，带来区域国家更多特色商品、优质服务、先进技术，更好满足企业生产进步和人民美好生活需要。RCEP 是我国首次与世界前十经济体签署的自贸协定，是东亚区域经济一体化进程的里程碑，并为中国赢得了战略主动。

（五）中日韩自贸区建设机遇挑战并存

20 多年前，中日韩领导人吸取经济危机教训，防患未然，在亚洲金融危机寒流中开创了中日韩合作。20 多年来，三国不断增进互信、深化合作、共同发展，开创了 21 个部长级会议，并建立了 70 多个对话机制，成为三国深化合作的主要平台。2011 年设立中日韩合作秘书处，进一步促进三国合作。

2019 年，中日韩经济总量超过欧盟，2020 年超过了美国，三国 GDP 已经超过全球总量的四分之一，东亚地区 200 年来第一次成为经济总量上的世界重心。中国是日韩最大的贸易伙伴，日韩分别是中国重要贸易伙伴国、重要投资来源国。三国总人口接近 16 亿，特别是中国有 14 亿人口，拥有世界上规模最大、成长最快的中等收入群体，既是"世界工厂"，又是"世界市场"。

日本在高科技和高新技术领域有较强的优势，服务业增加值占 GDP 比重 70% 左右。韩国作为新兴的发达国家，创新能力较强，高新技术产业发展较快。中国工业门类齐全、制造业发达，在 5G、互联网方面具有独特的后发优势，科技研发队伍和产业工人规模庞大,且受教育程度较高,可以为中日韩共同研发新型技术和服务提供科研成果转化的巨大市场。

中日韩如能放大 RCEP 达成成果,达成全面、高质量、互惠且具有自身价值的自贸协定,不仅对亚洲区域建立完整产业链和价值链具有正向作用,还将成为亚太区域乃至全球价值链的稳定器,为世界经济复苏和新一轮全球化增加新的动能。但中日、中韩潜在的结构性矛盾依然存在激化的可能,三国关系全方位改善的道路依然漫长,地处中日韩合作前沿地带的青岛,需要对此有着充分的准备和应对方略,最大程度上降低国家间外交关系变化带来的影响。

第五章 上合组织推动构建人类命运共同体的实践探索

CHAPTER 5

随着世界发展中心转向亚太地区，中亚作为亚欧大陆地缘政治中心的地位更加凸显，美国、俄罗斯、欧盟、土耳其的政治和经济利益交织碰撞于此。上海合作组织在打击国际恐怖主义、民族分裂主义与宗教极端主义三股极端势力和跨国犯罪等方面取得显著成效，目前正从安全合作向经贸合作等领域扩展。

一、中国与欧亚经济联盟对接合作实现制度化

欧亚经济联盟于2015年1月1日正式启动，最初由俄罗斯、白俄罗斯、哈萨克斯坦三国发起，此后吸纳了吉尔吉斯斯坦和亚美尼亚，旨在整合地区资源以推动区域一体化，真正实现商品、服务、资本和劳动力的自由流动，打造欧盟模式的统一市场。欧亚经济联盟于2018年通过《进一步发展欧亚经济联盟一体化进程的声明》，2020年通过《2025年前欧亚经济一体化发

展战略方向》，确定一体化发展路线图推动联盟经济发展。

为协调两国在中亚地区战略利益，中俄于 2015 年 5 月 8 日发表了《关于丝绸之路经济带建设与欧亚经济联盟建设对接合作的联合声明》，启动经贸合作谈判，以寻求地区经济一体化进程的契合点。中俄共同主导推进丝绸之路经济带与欧亚经济联盟对接合作，消除了一些国家的担心与疑虑，区域经济合作取得显著成效，中国连年保持欧亚经济联盟最大的贸易伙伴地位。2018 年 5 月 17 日，中国与欧亚经济联盟在哈萨克斯坦首都阿斯塔纳签署《中华人民共和国与欧亚经济联盟经贸合作协定》，提出持续推进丝绸之路经济带建设和欧亚经济联盟建设对接，探讨构建"大欧亚伙伴关系"，推动地区一体化进程。

二、中国与上合组织成员国经贸合作持续深化

在"一带一路"倡议引领下，中国与上海合作组织（以下简称"上合组织"）国家基于《〈上合组织成员国长期睦邻友好合作条约〉实施纲要》《上海合作组织成员国元首关于贸易便利化的联合声明》等合作框架，在基础设施建设、能源资源开发、数字经济、金融等领域合作成果显著。

上合组织成员国中吉尔吉斯斯坦、塔吉克斯坦两国 2019 年经济规模分别是 84.55 亿、81.2 亿美元，经济规模过于弱小（但多双边经贸合作空间未必小），本节仅简要概述中国与俄罗斯、哈萨克斯坦、乌兹别克斯坦以及伊朗间合作情况，用以支撑部分观点。

（一）中俄经贸合作纵深挺进

伴随两国政治关系不断向前推进，能源、基础设施、农产品、文化旅游等领域经贸合作不断发展，中国从2010年起成为俄罗斯第一大贸易伙伴，2018年两国贸易额突破1 000亿美元大关，2020年依然达到1 078亿美元。俄罗斯连续四年成为中国最大石油进口来源国，向中国出口石油由2009年的1 530万吨提升至2019年的7 585万吨，俄罗斯"西伯利亚力量"管道每年向中国输送380亿立方米天然气，能源合作成为中俄经贸合作发展最快领域。"长江–伏尔加河"青年论坛持续举办，"长江–伏尔加河"高校联盟院校达到82所（中方院校32所，俄方院校50所）。东北、华北、华南等地区赴俄文旅项目快速涌现。中欧班列强化了俄罗斯链接欧亚大陆东西两端的物流枢纽作用，俄罗斯作为主要过境国受益明显。2010—2019年俄罗斯主要出口与进口商品构成见表5-1和表5-2。

同时，中国与俄罗斯在合作中也存在产业协同化程度不高，贸易结构单一，贸易结算便利化水平不高等问题。这是俄罗斯市场开放程度不高、营商环境有待优化等多方面原因所致，例如，俄罗斯对于航空、航运、公路和铁路等所有的交通运输服务保持国有垄断地位，这是由其国情决定的。

中国须发挥大国市场和东亚供应链网络规模优势，依托市场动力，持续推进区域一体化发展，深化高科技领域合作，加强核能、生物技术、纳米技术、微电子、航空航天、破冰船建造、核动力航母建造等领域合作，提升经济互补性。推动中日韩面向上合组织国家开展第三方市场合作，持续提升在上合组织国家的市场份额，实现共建共赢和健康稳定可持续发展。

表 5-1 2010—2019 年俄罗斯主要出口商品构成

（百万美元）

占比（%） 商品类别	2019	2018	2017	2016	2015	2014	2013	2012	2011	2010
矿产品	62.3	62.7	58.3	57.3	61.7	68.8	65.7	68.7	70.3	73.1
贱金属及制品	10.7	11.7	12.3	12.1	11.5	9.5	12.6	11.9	11.8	11.5
化工产品	53	5	5.4	5.8	6.3	4.9	6.1	5.8	5.5	4.4
机电产品	3.7	3.6	4.2	4.5	4.2	3.3	2.8	2.3	2.1	2.3
贵金属及制品	3.4	3.2	3.6	3.7	2.7	2.8	2.4	2	2	1.8
植物产品	2.6	2.6	3	3	2.4	1.9	1.9	1.8	1.8	1.5
木及制品	2.4	2.3	2.6	2.7	2.2	1.8	1.8	1.3	1.5	1.2
塑料、橡胶	1.7	1.6	2	2	1.7	1.3	1.6	1.3	1.4	0.9
活动物：动物产品	1.5	1.3	1.7	1.8	1.5	1.2	1.1	1	1	0.8
食品、饮料、烟草	1.4	1.3	1.5	1.6	1.4	1.1	1.1	0.8	0.7	0.7
运输设备	1.4	1.3	1.4	1.5	1.2	0.9	1	0.8	0.6	0.6
纤维素浆：纸张	12	1.2	1.3	1.4	1.1	0.8	0.7	0.8	0.3	0.2
动植物油脂	0.9	0.7	0.9	0.9	0.7	0.5	0.4	0.6	0.3	0.2
陶瓷：玻璃	0.5	0.5	0.6	0.6	0.4	0.3	0.2	0.3	0.3	0.2
光学、钟表、医疗设备	0.4	0.4	0.5	0.5	0.4	0.3	0.2	0.2	0.2	0.1
其他	0.7	0.6	15.5	16.5	16.9	14.1	0.3	0.4	0.3	0.3

数据来源：中国商务部国别报告。

第五章　上合组织推动构建人类命运共同体的实践探索

表 5-2　2010—2019 年俄罗斯主要进口商品构成

（百万美元）

商品类别 \ 占比（%）	2019	2018	2017	2016	2015	2014	2013	2012	2011	2010
机电产品	30.2	31.9	32.9	32.4	31.1	30.9	30.4	29.8	29.2	28.8
化工产品	13.7	12.9	12.7	13.3	13.3	12.4	16.6	10.5	10.7	11.6
运输设备	11.5	11.1	11.1	10.3	9.6	11.3	11.1	18.1	18	13.7
贱金属及制品	7.8	7.4	7.1	6.5	6.4	6.9	6.6	6.6	6.9	7.1
塑料、橡胶	6.1	5.9	5.6	5.9	5.8	5.5	5.1	5.2	5.1	4.9
纺织品及原料	5	4.9	4.9	5.3	5.6	4.8	4.6	3.8	3.4	4.2
植物产品	4.7	4.8	4.7	4.8	4.9	4.7	4.5	4.3	4.7	5
食品、饮料、烟草	4.3	4.5	4.4	4.8	4.7	4.5	4.2	4.1	4.7	5.1
光学、钟表、医疗设备	3.1	3.1	3.3	3.4	3.8	4.4	4.2	3.3	2.8	2.9
活动物：动物产品	2.9	2.8	3	3.1	3.1	3	3	4.2	4.1	4.9
家具玩具杂项制品	2.6	2.6	2.6	2.6	2.8	2.9	2.8	2.7	2	2.2
矿产品	2.2	2.1	2	1.8	2.7	2.5	1.6	1.5	2.2	2.5
鞋靴伞等轻工产品	1.7	1.6	1.5	1.6	1.6	1.6	1.6	1.5	1.3	1.9
纤维素浆：纸张	1.3	1.4	1.3	1.4	1.4	1.4	1.3	1.5	2.3	2.2
陶瓷：玻璃	1.2	1.3	1.2	1.3	1.3	1.3	1.1	1.2	1.1	1.2
其他	1.8	1.8	5.1	5.3	4.5	4.9	1.5	1.5	1.6	1.9

数据来源：中国商务部国别报告。

（二）中乌经贸合作深入开展

乌兹别克斯坦总人口 3 300 多万，是中亚地区人口最多的国家，劳动年龄人口（15～64 岁）2 200 万。俄罗斯族占总人口的 6%，大量移民到俄罗斯谋生。其教育发展总体水平较高，教育支出占 GDP 比重约为 10%。天然气、铀、黄金、棉花、皮革等产量位居世界前列。丰富的资源为乌兹别克斯坦发挥比较优势开展经贸合作奠定了良好基础。

近年来，乌兹别克斯坦全面推进国家行政管理体系、司法体系、经济自由化、社会发展、安全与外交五大领域改革，营商环境世界排名从 2016 年的第 87 位上升到 2019 年第 69 位，并出台《投资和投资活动法》保护投资者私有财产，吸引了越来越多的外资进入，其中，中国已成为乌兹别克斯坦第一大贸易伙伴国、第一大投资来源国。2019 年，中乌进出口贸易总额约为 76 亿美元，同比增长 18.8%，占乌外贸总额的 18%。其中，中国对乌出口 51 亿美元，从乌进口 25 亿美元。中国对乌出口商品以工业品为主，自乌进口以天然气、铀、棉纱和棉花等大宗商品为主。中国对乌直接投资 2018 年达到 37 亿美元，低于哈萨克斯坦，但房地产和能源基础设施建设投资占比较高，产业园区投资规模不大。作为亚投行意向创始成员国积极参与亚投行建设，认缴资本金 2.2 亿美元。在上海设立乌兹别克斯坦国家原料商品交易所（乌交所），成为首届进博会（中国国际进口博览会）后入驻国家会展中心的首家外国机构。

乌兹别克斯坦高度重视数字化转型，将推动国家数字化转型和发展数字上升为国家战略。围绕信息通信基础设施建设、通信设备制造、人才培养、跨境电商、电子政务等领域，华为、中兴通信、阿里巴巴等中国企业与当地企业开展了长期深入合作,全面增强当地信息通信行业的本土化能力和创新潜力,确保可持续发展。整体上讲,乌兹别克斯坦数字化转型与"数字丝绸之路"的对接呈现良好状态。

(三)中哈战略互信仍待提升

哈萨克斯坦地处欧亚大陆腹地、古代丝绸之路沿线,历史上是欧亚大陆中转贸易的参与者之一,面积272万平方公里,人口1 771万,是中亚地区唯一与俄罗斯接壤的国家,两国语言、文化发展紧密结合,94%的哈萨克斯坦人拥有俄语口语理解能力,85%的哈萨克斯坦人能够熟练使用俄语,哈萨克斯坦留学生占在俄留学生总量的29%,两国青年交往密切。苏联解体后,哈萨克斯坦秉持改革开放政策,分阶段推行市场经济和私有化,积极引进外资,加入国际经济组织,建立了相对完备的产业链条。

哈萨克斯坦制订了"光明之路"计划,与丝绸之路经济带倡议相互融合、相互对接。中哈全方位推进各领域合作,规划运营了中哈霍尔果斯国际边境合作中心,哈萨克斯坦的高速公路、铁路等基础设施借力中国资金、技术实现了快速升级。2019年,哈萨克斯坦国内生产总值约1 793亿美元,人均GDP约9 600美元;哈中经贸总额达到143.5亿美元,哈萨克斯坦从中国进口商品65.2亿美元,其中机电产品的比重为39.7%;中国对哈直接投资额在"一带一路"国家中排名第九,达到7.9亿美元,在哈注册的中国企业近3 000家。但中国对哈直接投资存量占哈外资投资存量的比重仅6.1%,排名第四,荷兰、美国、法国分别占比 42%、19.4%、8.8%。①

过去的 20 多年是哈萨克斯坦与中国合作的黄金时期，上海合作组织、丝绸之路经济带倡议、亚投行等区域性的组织和计划在哈萨克斯坦得以贯彻实施，中国在哈萨克斯坦影响力逐渐上升。但由于中亚国家是从苏联分离出来的独立国家，十分珍视自身国家的独立地位，因此，任何地区一体化进程都与此存在矛盾，中国与哈萨克斯坦间的合作须遵循先易后难、循序渐进的原则，逐步增强战略互信。

（四）中伊深化合作时机成熟

伊朗区位优势明显，区域各国众多交通规划项目均以伊朗为出海口。"新丝绸之路"计划线路方案以南北走向为主，东西方向运输通道建设缺失，彰显了美国遏制伊朗的意图。中国反其道而行之，2016 年与伊朗达成"建立全面战略伙伴关系"的共识，并在 2021 年为两国伙伴关系作出整体规划，中国将在未来 25 年内向伊朗电信、基础设施等数十个领域投资 4 000 亿美元，作为交换，中国将获得伊朗的常规石油供应，涉及的石油交易将通过人民币结算。

（五）上合组织成员国数字基础设施有待提升

华为公司 2019 年发布的《全球连接指数—量化数字经济进程》，将世界各国数字经济发展分为领跑者、加速者和起跑者：在上合成员国中，中国、俄罗斯和哈萨克斯坦是数字经济发展

---

① 资料来源：中华人民共和国商务部（http://fec.mofcom.gov.cn/article/gbdqzn）。

第五章 上合组织推动构建人类命运共同体的实践探索 69

进程中的加速者,印度和巴基斯坦是起跑者。

1. 互联网用户比重较高

根据加拿大琥斯维特互联网品牌管理公司统计,上合组织成员国手机订阅用户数量占人口总数比例均超过 75%。在固定互联网速度方面,中国处于绝对领先地位,俄罗斯、哈萨克斯坦、印度处于中等水平,吉尔吉斯斯坦、乌兹别克斯坦、巴基斯坦和塔吉克斯坦处于低水平。在移动互联网速度方面,中国互联网速度处于中高水平,印度、俄罗斯、哈萨克斯坦、巴基斯坦、吉尔吉斯斯坦处于中等水平发展阶段,乌兹别克斯坦和塔吉克斯坦处于低水平发展阶段。上合成员国互联网用户基本情况见表 5-3。

表 5-3 上合成员国互联网用户基本情况

项目 国家	人口总数(亿)	手机用户占总人口的比例(%)	互联网用户占总人口的比例(%)	社交媒体活跃用户占总人口的比例(%)	社交媒体用户增长比例(2019年4月至2020年1月,%)
印度	13.7	78	50	29	48
哈萨克斯坦	0.18	136	79	51	26
中国	14.4	112	59	72	1.5
吉尔吉斯斯坦	0.06	150	47	39	33
巴基斯坦	2.18	75	35	17	7.0
俄罗斯	1.46	163	81	48	0
塔吉克斯坦	0.09	107	26	7.0	49
乌兹别克斯坦	0.33	76	55	9.6	44

数据来源:https://dataportal.com/reports/。

2. 中资数字平台访问量较低

谷歌、优兔、脸书等网站和社交数字平台深受上合组织成员国互联网用户喜欢，俄资数字平台中 VK.com、Yandex.ru、Mail.ru 等则受到了哈萨克斯坦、吉尔吉斯斯坦、塔吉克斯坦和乌兹别克斯坦等上合组织成员国互联网用户的拥戴，中国用户访问 VK.com 的数量也在逐渐增加。与美资和俄资数字平台相比，上合组织成员国互联网对中资数字平台访问量较低。最受欢迎的排前五的网站见表 5-4。

表 5-4 在上合组织成员国中最受欢迎的排前五的网站（Alexa's 统计）

排名 国家	第一	第二	第三	第四	第五
印度	Google.com	Google.in	Youtube.com	Facebook.com	Xnx.com
哈萨克斯坦	Google.com	Youtube.com	Vk.com	Mail.ru	Nur.KZ
吉尔吉斯斯坦	Youtobe.com	Google. com	Akipress.org	Vk.com	Mail.RU
巴基斯坦	Youtobe.com	Google. com	Google.com.PK	Facebook.com	Yahoo.com
俄罗斯	Google.ru	Vk. com	Youtube.com	Yandex.ru	Mail.ru
塔吉克斯坦	Google.com	Youtube.com	Somon.tj	Topvideo.tj	Mix.tj
乌兹别克斯坦	Google.com	Youtube.com	Olx.uz	Kun.uz	Mail.ru

数据来源：The top 500 sites on the web. https://www.alexa.com/topsites。

3. 金融支持要素水平不高

金融要素对促进数字经济发展有重要作用，与韩国相比，上合成员国金融要素发展水平不高，中国和俄罗斯以外其他成员国金融要素处于较低水平,主要差距是个人拥有金融账户和信用卡比例较低。

三、中欧班列成为亚欧大陆重要国际公共产品

中欧班列随着中欧投资贸易的持续增长而不断发展壮大。在中国政府、中国海关总署、中国质监总局和中国铁路总公司支持下,2011 年 3 月,重庆开通了通往德国杜伊斯堡的首趟货运列车——"渝新欧"。投资环境的改变打消了企业投资者的顾虑,惠普、宏碁、华硕的笔记本电脑出口制造基地落户重庆,富士康等 6 家台湾代工企业和 300 多家零部件企业紧随其后落户,重庆转身成为笔记本电脑企业集群地。

中欧班列的开行深刻改变了跨国企业的产业链,数量巨大的 IT 产品通过铁路进入沿线国家和欧洲市场。在哈萨克斯坦贫瘠的土地上,新的城市平地而起。欧洲的传统工业城市焕发新生,最具代表性的当数德国鲁尔区城市杜伊斯堡,中国的班列平台公司、供应链企业等持续入驻,德国主流媒体这样描述,"这是一个正在建设的中国城","现在中国要将中亚带入新的历史阶段:欧亚走廊。中国正改变其西部边疆外各国割裂的状态,通过供应链重塑这一地区,将斯大林时代的分裂版图变成油光鲜亮的钢铁丝路"。

2020 年,全国中欧班列累计开行 1.24 万列、运送 113.5 万标箱,分别同比增长 50%、56%,综合重箱率达 98.4%,年度开行数量首次突破 1 万列,单月开行均稳定在 1 000 列以上。

中欧班列已通达欧洲 21 个国家 74 个城市，物流配送网络覆盖欧洲全境。截至 2020 年 6 月，累计开行超过 2.6 万列，其中去程约 1.6 万列，回程约 1 万列。货物运送结构进一步丰富，运输货物品类从手机、电脑等 IT 产品，扩展到服装、机电、粮食、酒类、木材等，整车进出口成为新的增长点。由山东高速集团统筹运营的"齐鲁号"欧亚班列总体保持较快发展，2021 年一季度累计开行 380 列，同比增长 27.1%，进出口货值 41.7 亿元，同比增长 128.4%。"齐鲁号"欧亚班列城市间运营线路已达 46 条，直达"一带一路"沿线 19 个国家 49 个城市，新开通的直达阿塞拜疆、芬兰班列运营线路，以海铁联运方式延伸至英国。海尔、海信、山东电建、山东临工等企业开行了定制化班列，服务"一带一路"沿线国家基础设施建设和山东省内大型企业进出口业务。

四、贯通中华现代文明惠泽世界的中亚大通道

地处麦金德"心脏地带"的中亚，在地理历史意义上却具有破碎性。地理破碎性成就了中亚"贸易自由通道"的世界历史命运，形成了规模庞大的商人群体和诸多以经商闻名的城市，贸易发达，人均财富量很高，但财富总量很小。中亚因此成为各种文明汇聚融合传播之地，"在公元 1000 年的前后四五个世纪中，是中亚这个地区触动了世界上所有其他文化中心走上前台"。如印度本土的佛教通过中亚传播到中国，它在中亚的发展也呈现出与印度本土的诸多不同；伊斯兰教 8 世纪开始传播于

中亚，到 10 世纪形成较大的影响力，并在中亚创立世界最早的独立伊斯兰经文学院。

中亚虽然不曾产生轴心文明，但它构成了轴心文明的诺亚方舟[①]。在这一点上，东南亚与中亚具有可类比之处，天然具有的地理破碎性，注定其担当"自由通道"的历史命运，多种轴心文明在此处延伸碰撞融合。如此一来，中华现代文明、人类命运共同体理念要引导世界构建国际新秩序，是否必然要发挥东南亚、中亚的通道、前台作用？中国是否必须先在上海合作组织、东亚共同体和 RCEP 培育起强大的引领力、号召力？

基于这样的思路，青岛则须弘扬 2018 年上合组织峰会《青岛宣言》精神，发挥中国传统文化的独特智慧，依托中国–上海合作组织地方经贸合作示范区，配合国家有关部委落实好《上海合作组织成员国元首关于贸易便利化的联合声明》《中国与欧亚经济联盟经贸合作协定》等文件，持续推进区域贸易投资自由化便利化，推进地方经贸合作，打造科技创新、数字经济、绿色能源、现代农业合作等领域增长点，构建多样文明共生共荣的发展典范。

[①] 公元前 800 年至公元前 200 年间的轴心时代出现的原生性文明。

下篇

战略支点与地方经济合作

第六章 时代赋予青岛海陆文明融合之大任

CHAPTER 6

"领导干部要胸怀两个大局,一个是中华民族伟大复兴的战略全局,一个是世界百年未有之大变局,这是我们谋划工作的基本出发点。"

"今日之中国,不仅是中国之中国,而且是亚洲之中国、世界之中国。未来之中国,必将以更加开放的姿态拥抱世界、以更有活力的文明成就贡献世界。"

"中华优秀传统文化是中华民族的精神命脉。要努力从中华民族世世代代形成和积累的优秀传统文化中汲取营养和智慧,延续文化基因,萃取思想精华,展现精神魅力。"

——习近平

青岛地处儒学发祥地、向海开放的前沿地带,历经"五四"精神洗礼,诞生之初便拥有深厚革命文化基因,在中国特色社会主义改革开放大潮中形成了"开放包容、敢为人先、务实创新"的新时代精神气质，最有条件将现代社会文明植根于中华民族最深厚的文化土壤，把社会主义核心价值观作为明德修身、立德树人的根本遵循，加快构建中国特色社会主义文化体系、国际话语体系、国际传播体系，建设大国崛起的文化战略支点，促进中国特色社会主义现代文明与世界各国文明融合互鉴。

一、孔孟儒学对于中华传统文明的主体支撑

中华文明历史悠久，从先秦子学、两汉经学、魏晋玄学，到隋唐佛学、儒释道合流、宋明理学，经历了数个学术思想繁荣时期。在漫漫历史长河中，中华民族产生了儒、释、道、墨、名、法、阴阳、农、杂、兵等各家学说，涌现了老子、孔子、庄子、孟子、荀子、韩非子、董仲舒、王充、何晏、王弼、韩愈、周敦颐、程颢、程颐、朱熹、陆九渊、王守仁、李贽、黄宗羲、顾炎武、王夫之、康有为、梁启超、孙中山、鲁迅等一大批思想大家，留下了诗经、汉赋、唐诗、宋词等浩如烟海的文学经典。

中国历史上的士大夫在政治实践、地方教化和文化活动中，始终自觉强调中华文化的价值观念，这影响了全体民众的文化心理。儒家哲学在中华传统文明中的主体地位和思想价值获得了梁启超、孙中山等思想家们的认可。

孙中山先生指出，"欧洲科学发达，物质文明进步，不过是近来二百多年的事。我们学欧洲，要学中国没有的东西。中国没有的东西是科学，不是政治哲学。至于讲到政治哲学的真谛，

欧洲人还要求之于中国。'格物、致知、诚意、正心、修身、齐家、治国、平天下'这样精微开展的理论,无论外国什么政治哲学家都没有见到,没有说出"。

梁启超认为,"中国民族之所以存在,因为中国文化存在,而中国文化离不了儒家。研究儒家哲学,就是研究中国文化。若把儒家抽去,中国文化恐怕没有多少东西了"。

二、全球化背景下的东西方现代文明融合

全球化表现为不同文化之间相互传播、彼此融会的过程,每一个国家的民族文化都处在吸纳、同化其他民族文化有益成分的过程中。中华优秀传统文化强调和合理念,主张天下为公,推崇不同国家、不同文化"天下大同",这是中国特色社会主义伟大事业的文化源泉。中华民族伟大复兴是不可逆转的历史趋势,世界迎来东西方现代文明融合共生的华美乐章。

(一)西方基于海洋体系建立近现代世界秩序

古代的海洋是分割大陆的天堑,人类赖以生存的大陆被自然地理分布基本隔绝。兴起于15世纪的地理大发现使得五大洲联系在一起,进而使西方社会有机会将其政治经济影响推行到各大洲。以"启蒙运动"为标志,反对君主专制,主张天赋人权、个人自由、社会平等等一系列现代价值观念突破专制主义与宗教束缚,成为西方社会的主流价值。正是这些价值的变化,催生了近现代西方资产阶级革命,近代世界政治经济秩序逐步形成。

新秩序体现出四大表征：一是形成了以海洋航线为纽带的世界贸易体系，处于新航路之上的港口取代了陆路交通枢纽城市，开始成为世界贸易中心。二是民族国家成为国际关系中的主体，君权与神权不再主宰世俗事务，国家的合法性建立在社会契约之上。三是西方世界凭借贸易驱动力，建立了全球性的殖民地体系。四是以海洋为通道的世界资源、人口、贸易重组冲破了古典亚欧大陆的活动空间，并逐步形成了近现代政治经济新秩序，欧洲现代新型国际法准则开始向世界推行，引发了史无前例的全球化。

英国著名社会学家安东尼·吉登斯用"现代性"这一概念来表述西方近现代政治经济体系，"现代性指社会生活或组织模式，大约17世纪出现在欧洲，并且在后来的岁月里，程度不同地在世界范围内产生着影响"。以西方发达国家为主体形成的近现代政治经济秩序及其所蕴含的平等、自由、民主等现代价值，对于非西方地区的人民具有解放作用，尽管这套价值是以血与火的方式传播到东方和其他地区。20世纪的中国革命正是在吸收西方现代政治观念的背景下展开的，众多传统政体国家也在20世纪成为现代社会俱乐部的一员。

进一步究其根源可以发现，欧洲文明曾在数百年间落后于阿拉伯、中国文明，实现华丽转身影响全世界的关键在于文艺复兴。文艺复兴造就了一批专职从事学习和独立思考的教师和学者，建立了世界上第一批大学，促进了鼓励批判性思维的哲学思想在大学的传播，使得欧洲人把知识和文化用于自我成长和对外扩张，奠定了欧洲建成知识型社会的基础，促成了新的

第六章　时代赋予青岛海陆文明融合之大任

思想体系、艺术作品、科学发明和技术革新。欧洲许多民族在沿海地区生存繁衍，在航海方面有着悠久传统，叠加文艺复兴带来的治国才能、技术创新等因素影响，导致地理大发现注定在欧洲产生，进而催生了建立在海洋体系之下的欧洲现代文明，我们称之为西方传统现代文明。

（二）中国特色社会主义创造人类文明新形态

中国共产党团结带领中国人民，创造了新时代中国特色社会主义伟大成就，书写了中华民族历史上最恢宏的史诗。党的十八大以来，以习近平同志为主要代表的中国共产党人，站在真理和道义的制高点上，顺应时代发展，以全新的视野深化了对共产党执政规律、社会主义建设规律、人类发展规律的认识，创立了习近平新时代中国特色社会主义思想。科学社会主义在21世纪的中国焕发出新的蓬勃生机，中国式现代化为人类实现现代化提供了新的选择。中国式现代化，是中国共产党领导的社会主义现代化，既有各国现代化的共同特征，更有基于自己国情的中国特色，发展全过程人民民主，丰富人民精神世界，实现全体人民共同富裕，促进人与自然和谐共生，推动构建人类命运共同体，创造人类文明新形态。

中华文明始终是连续发展的整体，中国的现代化必须扎根于中华文明的土壤，它不是现代"化"中国，而是中国"化"现代。推动构建人类命运共同体已被写入《中国共产党章程》和《中华人民共和国宪法》，表明了中国共产党和中国人民的坚定意志和决心，将人类共同价值和中华优秀传统文化在新的高度上弘扬光大。

（三）青岛服务构建海洋命运共同体大有可为

习近平总书记 2019 年在青岛提出了构建海洋命运共同体的倡议，是对人类命运共同体思想的丰富和发展，为中国深度参与全球海洋治理和全人类海洋事业发展指明了方向。

地处黄海之滨的青岛，需要在习近平新时代中国特色社会主义思想指引下，植根中华民族历史文化沃土，着眼解决新时代改革开放和社会主义现代化建设的实际问题，把马克思主义思想精髓同中华优秀传统文化精华贯通起来、同人民群众的共同价值观念融通起来，发展面向现代化、面向世界、面向未来的，民族的科学的大众的社会主义文化，创造与时俱进的理论成果，塑造海陆文化要素汇聚的全球性城市形象标识，建设中国特色社会主义海陆文明融合发展的典范城市，服务构建海洋命运共同体，推动中国特色社会主义文明与世界海洋文明交流互鉴共存。

三、建设中国式现代化海陆文化要素集聚枢纽

青岛须统筹考虑中华民族伟大复兴全局、全球化发展阶段、城市使命任务、城区功能布局等维度，借鉴世界著名城市发展路径经验，依托"一带一路"倡议赋予的海上合作战略支点定位，努力建设全球海洋中心城市，打造中国式现代化海陆文化要素集聚枢纽。

第六章　时代赋予青岛海陆文明融合之大任

（一）参与构建中国话语和中国叙事体系

一是加快构建海洋文明叙事体系。青岛可探索加强与海权国家相关城市民众间的交流交往交心，夯实民意基础，以跨文化的最大通约性和共通性为考量，实现与传播对象共鸣共振，构筑中华现代海洋文明与世界联系的门户。发挥 21 世纪海上丝绸之路重要支点城市、全球海洋中心城市等话语载体功能优势，重塑顶级海洋智库云集的辉煌，围绕东西方海洋文化契合点完善中国叙事体系，破除部分西方国家话语体系下对于中华文明的偏见和误解，促进民心相通。基于国际受众视角，用西方听得懂、听得进、易接受的话语体系和表述方式"讲好故事"，既要用外国语态讲好中国故事，也要用中国视角讲好外国故事，改变"运动式"的对外交往模式、具有浓厚说教色彩的话语。

二是参与构建中国特色哲学社会科学。青岛的高校和智库机构要勇于担负起繁荣中国特色哲学社会科学的历史使命，以马克思主义为指导，按照"立足中国、借鉴国外，挖掘历史、把握当代，关怀人类、面向未来"的思路，构建具有中国特色、中国风格、中国气派的中国特色哲学社会科学学科体系、学术体系、话语体系。充分挖掘 5 000 多年中华民族漫长奋斗积累的文化养分，统筹山东省儒学研究资源，弘扬百年五四精神，吸纳西方文化精髓，体现继承性、民族性、原创性、时代性、系统性、专业性，聚合"一带一路"沿线国家人民前进的磅礴之力。要从外强侵略盘踞的灾难历史中，反思战争，避免战争。

要在哲学社会科学创新基础上,不断构建起科学阐释当代中国和当今世界的话语范式,推动形成基于"信息到达"的"价值认同",进而实现从"信息传播"到"价值传播"的飞跃。围绕地方经济社会发展需求,建设特色鲜明、机制创新的高端智库,打造推介中华文化、掌控话语体系的主阵地。

(二)塑造全球海洋中心城市文化标识

中国科学院院士郑时龄认为,全球城市具有很强的"标识度",主要因为拥有其他城市所没有的文化氛围、新观念。城市的活力在于公民文化及其创造力,建设全球性城市须着力增强文化标识。

增强市南、市北、李沧、崂山等城市主中心的文化要素承载能力,增强文化时尚、创新创意、总部商务等功能,持续提升城市感染力。依托影视外景地、电影艺术产学研基地等资源,加强影视制作、品牌IP、动漫等资源集聚,开展电影、电视剧以及网络视听节目的创作生产。加强对原创音乐扶持,塑造青岛国际音乐节、青岛国际音乐周、青岛国际吉他节、"拥抱阳光"中日韩音乐节等音乐活动品牌,引领音乐潮流。办好青岛国际时装周、国际艺术展,汇聚海内外艺术设计大师,打造新锐时装发布地、时尚潮流风向标。挖掘历史文化遗产中蕴含的文化内涵和时代价值,加强主题博物馆建设,让历史文物"活"起来,延续历史文脉。焕新"重工崇商、尊贤尚功、开放包容、创新务实"的齐文化,挖掘琅琊台、金口港、板桥镇等重要遗址的海洋文化价值,提升传统经典产业文化影响力和产业价值。

实施文化产业原创力提升计划,以创意设计、传媒影视、动漫游戏、信息服务、电子竞技为重点,打造附加值高、创造性强、成长性好的现代文创产业。建设精品力作培育高地,建立健全扶持优秀剧本创作的长效机制,加强对剧本、编导、作曲等原创性基础性环节和优秀创作人才的资助。鼓励文艺创作的题材、体裁、内容、形式创新,引导新兴文艺类型健康发展,推动文艺工作者的创新精神、创造活力充分涌流。

坚持政府为主导,实施对外交流、对外传播、对外贸易"三位一体"的对外文化交流合作战略,提升国际传播能力,创办海外中国(青岛)文化中心,讲好"青岛故事",提升城市知名度、美誉度。积极发挥世界城地组织、东亚文化之都、东盟中日韩"10+3"文化城市网络等平台的作用,广泛开展人文交流活动,组建丝绸之路旅游城市联盟,持续扩大国际"朋友圈"。搭建文化贸易平台,发展对外文化贸易,建设文化保税功能区,推动一批项目进入海外主流市场。精心培育对外文化贸易优势行业,共建"好客山东"国际文化贸易平台,推动山东半岛城市群文化企业并购重组,打造具有国际竞争力的外向型文化旗舰企业。鼓励文创企业进行海外战略布局,建设国际文化营销网络,不断提升文创企业的国际化经营能力。加强对国际文化市场的研究,考虑外国受众欣赏习惯和审美情趣,努力打造适销对路的文化精品。

(三)推动中华文化数据化、平台化、国际化

在数字技术驱动下,服务经济时代来临,地处亚欧经贸网

络枢纽节点的青岛，应加快构建数字文化产业生态，深度激活文化数据要素潜能，加快推动齐鲁文化资源数据化、平台化、国际化，培育数字文化产业新型业态，深化数字文化产业"一带一路"国际合作，塑造数字贸易竞争优势，打造"数字丝绸之路"战略支点。

（1）数据化。加大对于以儒家文化为重点的中华传统文化的挖掘和应用推广，发展数字视听、动漫游戏、电竞产业、网络文学、数字演艺等新业态新模式，培育具有国际竞争力的文化IP和品牌。建设数字文化创意产业试验区，培育网络视听、数字影视、数字动漫、网络游戏、数字广告、互动新媒体等数字文化创意产业，建设特色数字产业创新基地，打造具有核心竞争力的数字产业集群，推动中国文化产品进入"一带一路"沿线市场。

（2）平台化。依托上合组织示范区、自由贸易试验区、胶东国际机场商务区，建设中国面向RCEP、上合组织、日韩的系列人文交流合作平台。发展平台型文化企业，鼓励5G、VR、AR等新技术应用，推动新闻出版、广播电视、演艺娱乐等行业数字化转型，发展云看展、云演出、云阅读、云旅游等新业态。建设推广数字博物馆、数字图书馆等，提升公共文化资源数字化服务能力。发挥青岛作为中日韩数字文化产业合作前沿城市的作用，推动中国日韩头部企业开展数字化合作，加大第三方市场开拓力度。将数字经济合作纳入RCEP、中国–东盟"10+1"合作等机制性会议议题，推动完善数字经济合作机制与合作框架。

（3）国际化。加快构建与数字贸易发展相适应的基础设施和制度环境，加强应用场景建设，建设中日韩数字贸易国际枢纽港。加快试点探索文化市场开放，以市场开放带动本土文化元素传播，推动"一带一路"沿线国家的表演、创作、资本、科技等优质文化演艺资源向青岛聚集，建设审慎监管框架下面向海外市场的文化产品创作、发行和集散基地。完善数字贸易交易促进平台服务功能，实现与海关跨境贸易大数据平台联通，试点开展数据跨境流动安全评估，探索建立数据跨境流动分类监管模式，推动完善中日韩、中国–东盟、中国–上合组织国家间数字领域的规则标准。

第七章 建设中国特色社会主义海陆文明融合示范城市

CHAPTER 7

青岛毗邻日韩，地处北京、上海和日本东京、韩国首尔四个国际大都市中心地带，是连接欧亚大陆桥的重要交通枢纽，拥有陆海内外联动、东西双向互济，打造"一带一路"国际合作新平台的良好区位优势。随着 RCEP 的签署，青岛在我国大循环和双循环新发展格局中的"双节点"价值进一步凸显。

一、青岛的发展基础与优势[①]

（一）综合实力持续增强

在"十三五"时期，习近平总书记两次亲临青岛视察，赋予青岛"办好一次会，搞活一座城"、建设现代化国际大都市、打造"一带一路"国际合作新平台等重任。青岛坚持以习近平新时代中国特色社会主义思想为指导，坚定落实中央决策部署，

---

① 除特别说明外，数据截至 2020 年末。

推动青岛发展实现突破性变革、塑成开创性局面，为全面开启社会主义现代化建设新征程、加快建设现代化国际大都市奠定了坚实基础。全市生产总值达到 1.24 万亿元，年均增长 6.5%。发展质量效益显著提升，三次产业比例调整为 3.4∶35.2∶61.4，人均生产总值接近 1.9 万美元，一般公共预算收入达 1 254 亿元，城乡居民收入分别是 2010 年的 2.3 倍和 2.5 倍。投资关键性作用和消费基础性作用持续稳定发挥，固定资产投资年均增长 10.6%，社会消费品零售总额年均增长 8%。市场主体达到 180 万户，独角兽企业达到 10 家。常住人口突破 950 万，人才总量达到 230 万人，在青高校毕业生留青率突破 50%。年游客数量突破 1 亿人次，私募基金管理规模超过 1 000 亿元。

（二）创新能级持续提升

引领山东半岛城市群实现经济发展动能转换的主引擎作用突出，汽车、家电、轨道交通、机械装备等千亿级产业集群加快崛起，"四新"（新技术、新产业、新业态、新模式）经济增加值占生产总值比重达到 32% 左右，战略性新兴产业增加值年均增长 8% 左右。一汽大众华东生产基地、北汽新能源汽车、空客直升机等一批重大引领性项目落地，卡奥斯入围全国十大工业互联网"双跨"平台，轨道交通装备、节能环保产业入选国家战略性新兴产业集群。2020 年，青岛迈入国家创新型城市十强行列，获批国家自主创新示范区、国家首批知识产权示范城市和人工智能创新应用先导区，海尔集团、青岛高新区、青岛蓝谷和莱西市成为国家"双创"示范基地。海洋科学与技术试点国家实验室、国家高速列车技术创新中心、中科院海洋大科学研究中心、山东能源研究院等重大创新平台加快建设，省级以上创新平台新增 246 个，国家高新技术企业达到 4 396 家，科技型中小企业达 5 000 家。

（三）开放合作纵深拓展

青岛先后获批建设青岛西海岸国家级新区、中国–上海合作组织地方经贸合作示范区（以下简称"上合示范区"）、中国（山东）自由贸易试验区青岛片区（以下简称"青岛自贸片区"）等重大开放平台和胶东临空经济示范区、中日（青岛）地方发展合作示范区等开放载体。成功举办上海合作组织青岛峰会、人民海军成立 70 周年多国海军活动、跨国公司领导人青岛峰会、博鳌亚洲论坛全球健康论坛大会等重大活动。入驻世界 500 强企业达到 168 家，外商投资企业数量已超 7 000 家，益海嘉里食品工业、泰和嘉柏能源、欧力士集团产业运营平台总部等项目落地。累计到位内资 8 100 亿元，年均增长 13%。金融业对外合作历史已逾百年，德意志银行、中德安联人寿保险等外资金融机构相继落户，外资金融机构总数达到 34 家，占全省外资金融机构总量的 90%。国际友好城市和友好合作关系城市达到 80 个。

全力打造沿黄流域出海大通道，以青岛港为龙头的山东港口集团成立，新增集装箱航线 20 条、洲际直飞航线 11 条，入选国家生产服务型（港口型）和商贸服务型物流枢纽。对外贸易稳中提质，年度进出口总额达 6 200 亿元，前五大出口目的地分别是欧盟（18.1%）、美国（16%）、东盟（12.6%）、日本（11.7%）、韩国（8.8%），前五大出口商品分别是机械设备、电器及电子类产品、服装、计算机与通信技术、运输工具。跨境电商进出口年均增长47.9%。累计对外协议投资280亿美元。青岛积极搭建对日本、韩国、德国、以色列、上合组织国家等的"国际客厅"，并发起"2020·青岛·东西互济陆海联动合作倡议"。

（四）社会民生不断改善

青岛基本公共服务均等化水平显著提高，民生支出占公共财政支出比重保持在70%以上。累计新增城镇就业95.6万人，登记失业率控制在4%以内。教育现代化稳步推进，3所高校（校区）、4个学科入选国家"一流大学""一流学科"，康复大学开工建设，获批国家产教融合建设试点城市。人民健康和医疗卫生水平显著提升，每千人执业（助理）医师数达到4人。社会保障体系进一步完善，医养结合养老模式全国推广，城乡低保标准持续提高，租购并举保障性住房供应体系基本建成。跻身"全国十大美好生活城市"和2020年度"中国最具幸福感城市"的行列，被联合国教科文组织授予"电影之都"称号，成为国家文化和旅游消费示范城市、体育消费试点城市。

（五）城市品质明显提升

2019年，青岛入选国家首批5G试点城市，胶东国际机场正式运营,济青高铁、青连铁路、潍莱高铁开通,高速公路通车里程达到860公里,胶州湾第二隧道开工建设,轨道交通运营里程达246公里。国家历史文化名城魅力更加彰显,历史文化街区保护提升工程启动实施,蝉联"全国文明城市"称号。开展全域生态保护红线、永久基本农田、城镇开发边界划定工作,生态、生产、生活空间布局全面优化。森林覆盖率达到14.5%左右,自然岸线保护率达到40%,自然湿地保护率达到70%,入选"中国最具生态竞争力城市"。万元生产总值能耗和二氧化碳排放量显著下降,空气质量全面达到国家二级标准。集中式饮用水水源地、省控以上河流水质全部达标。近岸海域优良水质达98.8%。建设海绵城市229平方公里。原生生活垃圾实现零填埋。

(六)区域发展更趋协调

胶州湾东、西、北岸城区协调发展,青岛西海岸新区、青岛高新区、青岛蓝谷加快建设,即墨撤市设区,平度、莱西加快崛起。乡村振兴战略和新型城镇化战略协同推进,即墨区和平度市、莱西市入选国家城乡融合发展试验区,全市106万农业转移人口落户城镇,常住人口和户籍人口城镇化率预计分别超过74%和63%。积极引领胶东经济圈一体化发展,发起设立1 000亿元山东半岛城市群基础设施投资基金。全面实施乡村振兴,粮食总产量稳定在300万吨以上,畜牧业、农产品加工业两条千亿级产业链持续壮大,成功创建国家农产品质量安全市、国家现代农业示范区,基本实现天然气"镇镇通"、客运(公交)"村村通"、道路硬化"户户通",建设美丽乡村示范村 400 个。农村无害化卫生改厕普及率、生活垃圾无害化处理率分别达 95%、100%。西海岸新区、莱西入选省部共建乡村振兴齐鲁样板示范县。精准脱贫任务高质量完成。

(七)深化改革取得突破

纵深推进重点领域改革,"放管服"改革取消行政权力事项 149 项,市场化、法治化、专业化、开放型、服务型、效率型"三化三型"政务环境加快建设,市级行政许可事项实现"一次办好",营商环境排名持续提升。国家级新区、自主创新示范区等改革先行先试,功能区体制机制改革创造青岛模式,国资国企改革成效显著,民营经济税收、吸纳就业占比分别达 66.8%、82.6%,商协会蓬勃发展,要素市场化配置、信用体系建设、社会治理等领域改革迈出积极步伐。建设法治政府,完善政府法律顾问制度,行政机关负责人出庭应诉率达 100%,政府履约践诺专项清理工作深入推进,青岛市全面推动镇街法治政府建设。健全重大决策倾听民声机制,政民互动渠道更加畅通。

(八)经略海洋初显成效

作为国家沿海重要的中心城市、滨海度假旅游城市、国家历史文化名城、新亚欧大陆桥经济走廊重要节点城市和海上合作战略支点,形成西海岸新区、蓝谷国家海洋经济发展示范区等海洋经济发展高地,青岛集聚了海洋试点国家实验室、国家深海基地等"国字号"重大科研平台,海洋生产总值年均增长15%以上,海洋经济增加值占生产总值比重达到30%左右。加速培育海洋新兴产业,海水淡化能力占全国近1/7,船舶与海工装备制造业迈向高端,建成交付40万吨新型矿砂船、世界最大吨位"海上石油工厂"等世界顶级产品。实施"蓝色药库"开发计划,建成海洋多(寡)糖工程药物、现代海洋药物等产品研发平台。国际航运贸易中心建设加快推进,海铁联运箱量连续5年位居全国首位,港口货物、集装箱吞吐量均居全国第5位,物流业增加值突破千亿元。

二、青岛的发展瓶颈与短板

青岛自1891年建置起,设防仅历经130年,现有城市版图更是直到改革开放前后才得以确立。1958年划归青岛的即墨县、胶南县、胶县,又于1961年划出,复于1978年再次划归青岛,莱西、平度直至1983年才划归青岛。较短的发展历史使得城市辖区内的发展理念、经济融合、人文底蕴等方面有待进一步积淀提升,在经济社会发展质量、城市综合功能、城市国际影响力等方面也存在短板。同时,青岛也面临着山东半岛城市群的部分共性问题,这一部分将在后面章节进一步阐述。

（一）经济发展质量效益不高

城市经济总规模不高，经济增长主要依靠投资拉动，投入产出呈下降趋势，单位建设用地生产总值仅为深圳的1/5，单位生产总值能耗却是深圳的1.5倍。工业增加值占生产总值比重（26.9%）分别低于深圳、苏州9个百分点和12.6个百分点，传统产业比重较高，新兴产业发展较为缓慢，超过90%的新业态新模式细分行业发展滞后于全国，民营经济不活跃、不发达。创新竞争力仅列全国第18位，全市有研发活动的制造业企业比重为34.6%、拥有研发机构的仅占10.4%。城市汇聚金融资源要素能力不强，金融对于人才、技术要素配置的风向标作用发挥不充分，资本对于高端技术产业发展的支持效应有待加强，需加强对于国内外顶尖金融机构的集聚。

（二）产业协同配套有待突破

培育新兴产业需要大量熟悉国际惯例、具有国际研发能力的高端专业人才和良好的人才使用交流机制，对于实体经济、科技金融、人力资本协同发展具有较高要求。青岛工业产业集聚区、服务业集聚区等产业功能较为单一，人产城分离、科教产分离，优势产业和重点产业链条存在短板，产业整体配套率低。智能家电产业链上游的集成电路、显示面板等核心关键部件依赖进口或国内其他城市供给。新能源汽车集中在生产制造环节，产业链前端技术研发与设计、后端销售与服务环节缺失，公司生产经营受制于总部。主要工业产品中高附加值产品类别不多、规模不大，相对于深圳、苏州劣势明显，如表 7-1 所示。

表 7-1　三城市部分主要工业产品对比

深圳	苏州	青岛
微型计算机设备、电子元件、硬盘存储器、集成电路、程控交换机、彩色电视机、表、家用电风扇、电话单机	微型计算机设备、平板显示器、集成电路、手机、光电子器件、电子元件、印制电路板、工业自动调节仪表与控制系统、照相机、交流电动机、变压器、通信及电子网络用电缆、电力电缆、光缆、锂离子电池、空调、家用电器（冷柜、电冰箱、风扇、吸排油烟机、洗衣机、吸尘器、燃气灶具、燃气热水器、彩色电视机）	家用电器（电冰箱、洗衣机、彩色电视机）、工业锅炉、电流电动机、金属切削机床

资料来源：根据三城市 2020 年统计年鉴整理。

（三）城市综合功能有待提升

制造业与服务业融合渗透发展的态势尚未形成，现代服务业比重依然不高，生产性服务业不发达，城市文化引领力不足，金融业对城市发展的引导和支撑作用有限，深度游、度假游等旅游产品供给不足。作为国际性综合交通枢纽城市，航空旅客吞吐量仅为北京机场的 1/4，港口货物吞吐量是宁波舟山港的 1/2。航运服务集中在港口仓储装卸等传统业态，国际集装箱中转率仅有 5%左右，集装箱空箱率超过 30%，航运金融、航运经纪等现代服务发展较慢。部分港区集疏运体系存在瓶颈，连接内陆腹地的铁路网络有待完善，海铁联运功能有待优化，区位优势未能得到充分挖掘。与周边城市产业协同分工布局发展程度不高,作为核心城市的技术辐射带动效应发挥不充分,未能形成知识技术资本密集型产业带,影响了产业链的完整性、安全性、高端化。

(四)国际城市建设有待加强

城市国际影响力不强,依托海洋进行深度开发的能力不足,与全球重要城市的文化交流不多,国际海洋文化事务参与度不高,海洋禀赋优势未能转化为竞争力和影响力。跨国公司总部数量、外资利用规模不大,外籍常住人口比重不到0.1%,相比上海、纽约、伦敦等城市差距较大。目前青岛尚无可能全面对标国际城市标准进行优化,但可聚焦商务服务业发展水平、国际会议与人员交流、高品质宜居环境等关键指标进行重点提升。

三、青岛的使命——贯通亚欧经济走廊支撑大国崛起的战略支点

谋划青岛未来的长远发展,必须坚持全球视野、全局思维、以人民为中心,在国家战略中谋方位、在世界城市体系中谋方向、在区域协同发展中谋方略。青岛须依托良好的禀赋资源优势,围绕我国构建人类命运共同体伟大战略构想,建立以文明共生为统领,涵盖贸易合作、经略海洋、数字策源、企业培育功能的"五维一体"的战略支点功能体系,构建引领山东半岛城市群高质量发展的"大棋局",建设多双边框架下 RCEP、

上合组织、中日韩自贸区战略叠加承载区，打造"一带一路"国际合作新平台，引领山东半岛城市群发展，打造国家重要增长极，携手黄河流域城市融入国家"一带一路"大局，推动海陆丝绸之路融合交互，构建贯通欧亚的陆海贸易网络，以城市担当推动中国特色社会主义现代文明与西方现代国际秩序的融合重构，将青岛建设成为亚欧经济走廊上东西方文明、海陆文明互动融合的枢纽城市、示范城市。

青岛依托"一带一路"、上合组织、RCEP等国家级战略载体平台，建设中国特色社会主义海陆文明融合示范城市，可分解为两大重点方向：一是促进陆地性特征突出的中国特色社会主义现代文明与建立在海洋体系之上的西方传统现代文明融合互动，参与构建中国话语体系和中国叙事体系，创造与时俱进的理论成果，为开辟马克思主义中国化时代化新境界提供战略支撑；二是以担当服务构建新发展格局龙头城市为重要契机，携手黄河流域城市群、都市圈，深度嵌入以中国为核心的东亚供应链网络，提升经济循环效率，建设世界级企业汇聚高地，平衡中国"南强北弱"格局，推动高质量发展和共同富裕，奠定向全球性城市升级的实力基础。

亚洲开发银行报告认为，融入全球价值链有利于发展中国家企业进入全球市场。从全球价值链角度看，青岛建设东西方文明、海陆文明融合枢纽城市，有利于引领山东半岛城市群加强与全球价值链、全球服务业价值链融合，推动青岛制造、青岛服务、青岛企业进入全球市场，提升发展能级，这体现了青岛的理想与担当，也必将收获实在的经济社会效益。

四、提升国际贸易中心枢纽功能
——建设贸易强国战略支点

青岛需要结合国家构建新发展格局部署安排和自身发展优势,找准在国家总体战略中的地位,推动现代化国际大都市建设,实施高水平对外开放战略,建设"一带一路"国际合作新平台。

(一)建设高水平对外开放门户

地处北京、上海之间广袤地带的青岛,拥有发展成为国际贸易中心的腹地优势和服务构建新发展格局的责任担当,可依托中国上海合作组织地方经贸合作示范区、中国(山东)自由贸易试验区青岛片区等高能级开放载体,携手黄河流域城市共建面向RCEP、欧亚经济联盟、上海合作组织的国际贸易通道,加强与相关国家城市开展经贸合作,优化提升国内国际市场联通和辐射能力,推动"一带一路"大市场循环畅通,打造支撑中华民族伟大复兴的贸易强国战略支点。加强基础设施"硬联通"以及规则标准"软联通",推进贸易和投资自由化便利化,放大RCEP市场一体化效应,在更大范围内配置资金、信息、技术、人才等要素资源,构建开放型、创新型产业体系,深度嵌入东亚供应链网络。

建设高能级全球航运枢纽,吸引国际货物中转、集拼等业务,争取启运港退税的离境港政策,支持开展航运融资、航运保险、航运结算、航材租赁、船舶交易和航运仲裁等高端航运服务，探索发展航运指数衍生品业务。提升胶东国际机场国际枢纽功能，完善集疏运体系，加密开发洲际直航客货运航线，持续提升航空网络通达性，加强航空货运运力。争取国际航空客运政策，为主要客源国提供便捷的联程中转、过境免签和落地签服务。引进基地航空公司和国际知名航空物流公司，建设国际航空邮件集疏分拨中心，打造全国重点国际快递中转口岸。培育海空港口、国家物流枢纽和上合组织示范区等开放平台集聚发展新优势，创建国家多式联运战略节点和中欧班列集结中心，与西安、郑州、乌鲁木齐、成都等集结中心互联互通，畅通郑州—西安—乌鲁木齐、武汉—重庆—成都等主要通道，构建"通道+枢纽"统筹推进的多式联运网络，提升"一带一路"通道效率。

聚焦"一带一路"国际合作重点国家、重点领域、关键通道、重大项目，加强标准互认合作和区域性国际标准研制，推广"经认证的经营者互认（AEO）"，破除人员、货物、服务等要素流动限制和"隐性壁垒"。研究制定青岛优势产能领域中国标准，在"一带一路"建设中推广"中国标准"。与沿线国家深化数字贸易、国际多式联运、新能源、新材料、航空航天、深空深海、公共卫生等新兴领域合作，扩大参与国际标准规则制定。

借鉴中国与东盟政治、经贸合作机制安排，加快探索建立地方经贸合作机制，在总结中韩自贸区地方经济合作示范区等机构运作经验基础上，建立由经济团体、贸易促进机构等组成

第七章　建设中国特色社会主义海陆文明融合示范城市　　101

的长效机制。推动中国国际贸易促进委员会、中国机电产品进出口商会、中国对外工程承包商会与外国贸易促进机构、经济协会等机构建设合作机制，跟进重点行业、企业和项目动态，通过洽谈会、交易会、联合展示会和商事法律服务等方式，为三方企业合作搭建平台，逐步在技术标准、经营理念等方面实现相互适应和对接，协调解决合作中出现的问题。争取国家有关部门支持指导，与国外企业、机构在技术标准、资源分配、业务发展等领域开展务实合作。

（二）聚焦发展服务贸易

全球经济数字化、智能化水平的日益提升，导致制造业就业劳动力份额和服务交易成本逐渐下降，以服务业主导的发展模式成为众多发展中国家的选择。根据WTO发布的报告，2005年以来全球服务贸易较商品贸易增速高出0.8个百分点，服务贸易在全球价值链中的表现日益突出。

对于青岛来说，在坚持打造先进制造业强市的基础上，大力发展知识密集型服务业，深度嵌入全球服务业价值链，是顺应制造业服务业融合发展趋势、加快实现碳达峰碳中和目标、打造新的经济增长点、构建现代化经济体系的必然选择。

麦肯锡全球研究院认为知识密集型服务价值链主要包括专业服务、金融中介、IT服务等高价值行业，参与主体主要是发达经济体，只有21%的出口来自发展中经济体[①]。知识密集型

---

① 资料来源：https://www.mckinsey.com.cn/。

服务业的概念最先由美国经济学家丹尼尔·贝尔提出。

青岛的服务经济与深圳等城市相比，不仅在金融业、房地产业规模总量上存在显著差距，同时还存在信息传输、软件和信息技术服务、科学研究和技术服务等知识密集型服务业过于弱小的问题，拥有一定发展基础优势的商务服务业、文化体育娱乐业等也未能充分发展，影响了城市辐射带动、影响感召能力的提升，需同步推动规模壮大和提质升级。

鉴于以上分析，提升青岛服务经济应重点加强以下三方面工作：一是深化服务贸易自由化改革。建立健全与国际接轨的现代服务业发展体制机制，依托自贸片区、上合组织地方经贸合作示范区、胶东临空经济区等改革创新试验平台，谋划建立与上合组织国家深度合作区，探索服务业扩大开放政策。在合作区创新跨境金融管理，完善跨境支付结算功能，探索跨境资本自由流入流出和推进资本项目可兑换。推动服务业职业资格、服务标准、认证认可、检验检测等领域制度创新，深化科技、教育、文化、医疗等领域贸易合作。探索技术进出口管理机制，推动技术进口方式和来源地多元化。二是大力发展知识密集型服务业。在国家碳中和目标以及土地、水、能源资源要素约束的背景下，青岛可创新发展知识密集型服务贸易，强化生产性服务业对于制造业的链条延伸、技术渗透等作用，扩大信息技术、商务服务、金融保险、研发设计、文化等服务出口规模。三是依托产业基础、要素价格、营商环境等综合优势，集聚全国乃至全球多层次服务业人才，实现人力资本强市，支撑服务贸易高质量发展。

（三）建设高能级贸易平台

发挥自贸试验区及上合示范区制度创新试验田作用，推进重大开放载体功能叠加、联动发展，创新贸易、投资、跨境资金流动、人员进出、运输来往自由便利和数据安全有序流动等机制，打造高能级贸易平台。在自贸试验区推行更加便利的船舶登记制度，开展国际航行船舶保税油供应业务，探索电子账册、信用监管、风险监控等集成化制度安排，完善海关综合监管模式。

深化以青岛为龙头的胶东经济圈贸易一体化合作，促进胶东半岛海关高质量一体化发展，完善"大通关"合作机制，健全胶东经济圈内各城市监管互认、执法互助、信息互换机制。积极推进海关特殊监管区域整合优化，推动胶东各海关特殊监管区域间货物便捷流转。依托山东港口集团，推进海铁联运和水水联运建设，建立健全胶东港口联运体系，建设胶东半岛集装箱多式联运综合服务平台。优化货物转运流程，推广集团保税监管模式。构建胶东半岛风险评估协同机制，完善进出口商品质量安全风险预警与快速反应监管体系。

集聚和培育高能级贸易集成商，引入一批商品直销平台、国别商品交易中心、专业贸易平台和跨境电商平台，努力打造全球供应链管理中心。建设中国北方进口商品重要集散地，做强青岛西海岸新区国家进口贸易促进创新示范区专业贸易平台，引入贸易促进机构和进口商品国别（地区）馆，持续扩大关键装备、零部件和技术专利的进口，并对纳入鼓励进口的技术和产品予以贴息支持，打造联动黄河流域、服务全国、辐射亚太的进口商品集散地。建设医疗服务贸易平台，打造山东半岛国际医学中心。

建设具有全球影响力的国际会展之都，吸引国际知名办展主体落户，提升会展业国际化水平。进一步扩大国际性展览规模，扩大与国际行业组织合作，支持会展项目取得国际认证，推动会展企业提升数字化营销能力，打造云上博览会。放大中国–上合博览会带动效应，优化外商投资促进机制，拓展外商投资促进服务平台功能。完善保税展示展销监管制度，发展保税展示展销业务。深化常年展示交易平台建设，做实展示、撮合、交易等服务。

（四）培育新型贸易业态

建设新型国际贸易中心，发展离岸贸易，打造货权交割地。提升离岸和转口贸易规模，争取探索建立本外币合一的银行账户体系，为符合条件的企业开展离岸贸易提供外汇结算、跨境金融服务便利，培育发展国际贸易分拨业务。发挥国家级新区和自贸试验区优势，建设国际高端航运服务中心，发展航运金融等现代航运服务业。完善地区联动、境内外互动的发展促进机制，建设国际合作基地、服务出口基地和中医药海外中心。

推动服务外包转型升级，深化与全球服务市场的交流合作，加快承接服务外包能力建设，发展服务外包新模式。加快发展一批拥有自主知识产权的服务产品，推动服务外包与高端制造交互融合发展。提升研发设计、会计、法律等专业服务领域竞争力,依托海关特殊监管区拓展技术贸易、保税研发、保税维修、医疗服务等高端新兴服务,建设国家进口贸易促进创新示范区。

组建青岛商品交易所,聚焦棉花、橡胶、能源等领域,建设百亿级和千亿级大宗商品市场,打造面向国际的大宗商品现货交易平台,推动大宗商品人民币计价结算。促进跨境电子商务集约高效发展,深化国家级跨境电子商务综合试验区建设,建设日韩和上合组织国家商品集散分拨中心。提升跨境电子商务公共服务平台能级,简化小微电子商务企业货物贸易外汇收支手续,支持银行为跨境电子商务企业提供跨境人民币结算服务。

(五)探索人民币可自由使用和资本项目可兑换

"一带一路"沿线多为发展中经济体,汇率掌控能力较弱,人民币可以提供稳定的汇率环境,为不断增长的贸易和投资提供服务便利。人民币国际化始于 2004 年在中国香港推行的试点计划,2009 年开展了首个跨境贸易人民币结算试点。近年来,人民币国际化新模式不断探索,开展了大宗商品人民币计价、逐渐开放在岸金融市场、开展人民币跨境贸易融资等有益尝试,于 2021 年 12 月首次跻身全球前四大活跃货币。上海浦东已率先探索资本项目可兑换的实施路径,促进人民币资金跨境双向流动。

青岛自 2010 年 6 月试点跨境人民币结算业务以来,截至 2020 年末,全市 217 家银行分支机构累计为 10 004 家企业办理跨境人民币业务，实际收付9 869.7亿元。10年间青岛市跨境人民币结算企业累计突破1万家，结算规模与企业数量均居全省首位。2020年，青岛市共办理跨境人民币实际收付1 323.5亿元，同比增长20.5%，但仅占全国总规模的0.47%[①]，充分揭示了经济对外联系度不足的短板。

青岛可依托中国上合组织地方经贸合作示范区、中国（山东）自由贸易试验区青岛片区等高能级开发载体，加强与相关国家城市的地方经贸合作，鼓励中国企业在基础设施、能源、产能合作等领域扩大人民币跨境使用，增强相关国家对人民币的需求黏性。建立国际商业贷款、内保外贷、境外发债、跨境不动产投资信托等融资渠道，适时在符合反洗钱、反恐怖融资、反逃税和展业三原则的要求下，探索人民币资本自由流入流出和自由兑换。探索人民币回流机制，为通过贸易与直接投资流出到上合组织国家的人民币建立回流渠道，如允许符合条件的境外服务机构以跨境交付方式从事银行业金融机构、金融资产管理公司、信托公司、财务公司、金融租赁公司、消费金融公司、汽车金融公司等业务活动。

（六）深化国际经济合作

加强对于"一带一路"沿线国家禀赋资源条件分析，统筹基础设施建设、产业转移与市场开拓，与东道国开展国际经济合作，带动当地经济社会发展。

顺应中间品贸易快速增长趋势，沿中间品贸易网络延伸拓

---

① 根据中国人民银行《2021年人民币国际化报告》中数据测算。

展产业链，规避地缘政治风险。加强与处于产业链上游的新加坡、日本、韩国等国家开展资本技术密集型产业合作，与越南、泰国、菲律宾、印度尼西亚和马来西亚等国家开展劳动密集型产业合作（可参阅专栏），与俄罗斯、伊朗、沙特阿拉伯、阿联酋等国家开展资源密集型产业合作。

青岛具有前瞻性地开展碳达峰、碳中和"3060"布局，依托中日（青岛）地方发展合作示范区、青岛中德生态园，加强与上合组织国家开展可再生能源合作和第三方市场合作，争取参与 RCEP、上海合作组织等区域合作机制框架下的绿色投资合作项目，助力减碳脱碳技术与设备"走出去"。鼓励青岛金融机构、非金融企业在"一带一路"沿线对外投资项目中使用绿色融资工具筹集资金，开展绿色供应链管理。

完善连接日韩、东盟、上合组织国家的铁路、公路、港口、机场、通信等基础设施，打造内联外通、聚势赋能的基础设施网络。联合山东半岛和黄河流域城市"抱团"开展绿地投资和共建产业园区，加大对于海外先进技术的引进力度、高科技研发成果转化力度及行业隐形冠军企业跨国并购力度，带动产品、设备、技术、标准、检验检测认证和管理服务等"走出去"。推动沿黄九省区以及新疆等，基于能源和基础设施等领域合作基础，在扩大轻工、纺织、家电、建材、冶金、旅游等传统产业投资合作的同时，加快推进数字经济、智能经济、绿色经济、共享经济等新兴产业合作。加大对"巴基斯坦海尔-鲁巴"经济区等境外合作区发展支持力度，建设跨境经贸合作网络服务平台，助力企业开拓国际市场。构建强大的对外投资合作服务体系，完善金融支持、信息服务、风险预警系统，增强对外投资企业的经营、抗风险能力。

五、建设全球海洋中心城市——打造海洋强国战略支点

青岛海洋特色优势突出，须加快提升经略海洋的能力，以全球城市网络和海洋城市网络为坐标，深化国际城市战略，持续提升在全球海洋中心城市中的能级，成为一座具有海洋标识的全球城市，代表中国深度参与全球海洋治理。

一是建设国际海洋科技创新中心。依托国字号海洋创新平台，加强海洋领域基础研究、技术创新和成果转化，增强代表国家参与全球海洋科技创新竞争能力（可参阅专栏一），突破海洋创新药物、海洋监测仪器、深远海养殖等一批前沿交叉技术和共性关键技术。支持极地科考、深远海探测、载人潜水器、深海空间站、海洋观测等海洋基础研究，建设海上综合试验场，为国家海洋科技创新工程提供支撑。创新海洋科技成果转移转化和国际创新交流合作机制，打造海洋科技创新"生态圈"。推动海洋试点国家实验室入列，加快海洋领域国字号研发机构、国家工程实验室、国家重点实验室建设，打造占据国际海洋科技制高点的战略创新力量，推进下一代超算、海洋系统模拟设施、智能航运综合实验科学设施等重大科技基础设施纳入国家大科学装置。依托国家海洋技术转移中心等机构，建设海洋特色的科技成果转移转化集聚区。完善海洋科技成果转化奖励政

策，建立覆盖中试、投产、加速、并购全生命周期的基金群，发挥青岛海洋科技创新创业联盟等平台作用，吸引优秀海洋科技成果来青转移孵化。

 专栏

探索与印度尼西亚等国家开展海洋经济合作

印度尼西亚（以下简称"印尼"）是世界最大的群岛国家，海洋面积316.6万平方公里（不包括专属经济区），岛屿17508个、海岸线长达9.9万公里，控制着马六甲海峡，区位优势突出。2019年印尼总人口2.67亿，位列世界第四，GDP1.12万亿美元，对外贸易总额3382亿美元，其中总进口1707亿美元，总出口1675亿美元。与中国双边货物进出口额为727.7亿美元，其中对中国出口278.8亿美元，占其出口总额的16.7%；自中国进口448.9亿美元，占其进口总额的26.4%。对中国出口最多的产品是矿产品，出口额106.8亿美元，其后是贱金属及制品、动植物油脂；自中国进口商品集中于机电产品（电子类、机械类产品），进口额198.8亿美元，其后是贱金属及制品、化工产品，日本、新加坡和韩国是中国主要竞争对手。吸引外商直接投资（FDI）282亿美元，其中中国对印尼直接投资47.4亿美元。中国超过日本成为印尼第二大外资来源国，仅次于新加坡。

印尼现有基础设施水平与经济社会发展需要存在较大差距，各岛内部与岛际之间的连通性和基础设施都有待提升，物流运输成本高昂，位居2018年世界银行物流指数排名第46位。

造船工业发展水平不高,海洋石油勘探设备依赖进口,在全球造船业印尼名列第18位。印尼渔业资源丰富,开发利用水平较低,缺乏远洋渔业船队,水产品加工能力比较薄弱。涉海院校多为民办,办学水平较低,科技人才缺乏,阻碍海洋经济发展水平提升。

中印尼合作在基础设施、航运贸易、科技创新、船舶制造和海洋工程、海洋渔业等领域合作空间广阔,青岛可围绕基础设施建设、海洋工业产能合作、海陆空国际航线对接、旅游合作等领域,与印尼相关城市加强合作。

资料来源:中华人民共和国商务部(http://fec.mofcom.gov.cn/article/gbdqzn)。

二是建设现代海洋产业发展高地。发展海洋工程装备、海洋生物医药、海洋新材料、海水淡化、海洋可再生能源等海洋新兴产业,做大做强水产品加工业,打造国内一流的海工装备制造基地、全国重要的海水淡化及综合利用基地、优势突出的海洋生物产业集群。提高海洋文化旅游开发水平,发展邮轮游艇、海上运动、海底潜游等海洋旅游业态,打造国际邮轮母港。突破发展涉海金融、海事法律、海洋信息服务等海洋高端服务业。统筹推进蓝色粮仓和海洋生态建设,发展海洋种业、远洋捕捞、深海养殖,全面提升海洋牧场发展水平。

三是建设深远海开发战略保障基地。统筹前湾港区、董家口港区和青岛蓝谷、海西湾造修船基地等陆海资源,以及海外合作港口、经贸园区、产业园区等,构建靠前保障、远海协同的社会化服务体系。依托核心海洋产业发展,提升海洋科技创新、海洋装备制造与维修、海洋环境监测、海洋气象预报预警、海洋数据分析应用等保障支撑能力。依托市场化机制，探索申请国际海底矿区，建设远洋渔业陆基保障基地、深远海科考船后勤服务基地，提升海底探测、深海采矿等重大装备保障能力，完善综合后勤保障体系。

四是深度参与全球海洋治理。 集聚海洋国际组织或机构，积极参与国际科技合作计划、大科学计划、大科学工程，加强海洋公共服务、海事管理、海上搜救、海洋防灾减灾、海上综合执法等领域国际合作。参加深远海开发和北极"冰上丝绸之路"开拓、南极全球治理等极地合作，参与国际海洋法律、规制、行业标准的制定。举办国际性海洋会议，加强城市、企业间的交流合作，依托东亚海洋合作平台，推动成立东亚海洋合作组织，深化健康养老、人文旅游、节能环保等领域合作。提升海洋综合管理能力，建立区域协同的海洋生态保护治理体系，推进岸线保护、海洋生态补偿，打造海洋生态保护与联合治理标杆。

第八章 引领山东半岛城市群构筑国家重要增长极

CHAPTER 8

国际金融危机后,世界经济深度调整,全球城市更加依赖周边区域,主动向周边城市转移相关服务功能,城市发展区域化趋向增强。未来全球城市间竞争将转化为以全球城市为核心的高度一体化城市群、大都市连绵带之间的竞争,原本以跨境要素配置为主的"垂直"维度增加了"水平"维度。我国区域经济协同化、一体化发展已经成为未来发展主方向,全国的大小经济带、经济圈、城市群多达几十个,省域覆盖面达到了近90%。京津冀、长三角和粤港澳大湾区并列三强,处于我国城市群金字塔最顶端,成渝城市群的定位近些年逐步提升,成为国内经济增长第四极。

山东省地处黄河下游、东部沿海,"北扼燕晋,南控鄂宁,当京汉津浦两路之冲,实南北咽喉关键",是我国由南向北扩大开放、由东向西梯度发展的重要战略节点,是黄河流域对外开放门户、"一带一路"重要枢纽和东北亚地区活跃增长极,在国家发展大局和开放格局中的地位作用举足轻重。户籍人口超过

第八章 引领山东半岛城市群构筑国家重要增长极

1亿，陆地总面积15.71万平方公里，耕地面积居全国第三位，海岸线全长3024.4千米，占全国大陆海岸线的1/6，拥有泰山、崂山、沂蒙山、趵突泉、刘公岛、长山列岛等钟灵毓秀的自然景观，沉淀形成了曲阜三孔、神通寺、台儿庄古城、银雀山汉墓竹简博物馆、蓬莱阁、八大关等数量极多的历史人文胜迹，石油、天然气等矿产资源蕴藏丰富，蜿蜒曲折的海岸线上港口众多，受自然馈赠之极致。

一、历史上的山东

山东是中华民族古老文明发祥地之一，目前发现的"沂源猿人"化石把山东的历史上推到了四五十万年以前，与"北京猿人"同期。北辛文化、大汶口文化、龙山文化也都是在山东发现。山东城市历史悠久，在国家公布的137座国家历史文化名城中，山东获批10座，仅次于浙江、江苏。

历史上很长一段时间"山东"是作为行政区划名词使用的，从南宋之后才明确为现代山东省的空间范围。秦汉至北宋，"山东"泛指太行山以东地区。金朝改宋朝的京东东路为山东东路，治所是益都府（今山东省青州市），"山东"正式作为行政区划之名启用，元朝时作为腹里由中书省直辖。明清两朝在山东设立"山东等处承宣布政使司"，布政使衙门从洪武九年（1376年）起驻济南府，山东省行政中心由青州转移到济南。

自秦汉开始至隋唐盛世，全国的政权中心位于西安、洛阳，山东地区城市发展亮点不多，临淄作为区域工商业中心，曾经是西汉最大的铸铁中心。三国和南北朝时期，山东地区战事频仍，仅有青州在十六国时期做过南燕国首都（当时名为广固城），是山东地区唯一做过都城的城市。两宋时期政治中心东移，山东城市文化底蕴得以积淀，涌现了曾巩、辛弃疾、李清照、范仲淹、富弼、欧阳修等历史文化名人。元灭金后，北方人口减少六七成，山东地区深受影响，仅有临清、东昌、登州（今蓬莱）等受益于大运河的漕粮运输和海运。

明代对城市进行全面重建，建立了省、府、县三级行政体系，沿用至今。明代大运河的修复，使得运河沿线的济宁、临清、东昌、台儿庄兴盛一时。东部沿海为抵御倭寇创设卫所城市，开启了山东沿海城市的发展进程，形成以军事为主、商贸为辅的新城镇。清代后期，山东被白莲教、捻军、义和团等农民起义深度波及。在新中国成立前的解放战争时期，山东解放区一度是国民党的重点进攻目标。

二、齐鲁文化底蕴的辩证性认识

文化对于经济发展的促进作用，体现在意识形态、价值理念、交易成本等方面，马克思、罗斯托、库兹涅茨等经济学家对此有诸多论述。当前，文化影响经济的内在机制尚且模糊，但熊彼特创新理论明确了人力资本作为产业链高级生产要素的地位。人是文化的创造者和产物，文化底蕴显然是区域人力资本的核心参数，它影响着企业家精神、市场意识等变量。

齐鲁大地上诞生了中国历史上第一位具有世界影响的思想

第八章　引领山东半岛城市群构筑国家重要增长极

家——孔子,曾经有过"周礼尽在鲁矣"的历史辉煌,但那个时代创造的璀璨文明,经历两千多年的历史更迭后,亟须在建设现代文明新征程中继承发扬。从人文历史角度重新审视,或许有助于探究当今山东经济社会发展问题的根源。

华夏文明最早形成于北方,尧、舜、禹之活动中心均在今晋东南,商、周活动之中心在今西安、洛阳、济南一线,即渭河-黄河中下游地区,华夏文明中心在此轴线上维持了两千多年。此后,华夏文明向南扩展,经济文化中心不断南迁,到明清时代形成这样一种文化地理格局,在长江下游的江南和钱塘江以南的广义南方,儒家价值、制度保存得较为完好,北方则较差[1]。在漫漫历史长河中,此起彼伏的战乱曾导致人口急剧减少,严重影响了士君子群体的培育。

儒家对中国社会的根本贡献,在于源源不断提供士君子这样一个群体。士君子依靠自己的德行、治理技艺和资源,把分散的庶民组织起来,生产和分配公共品。没有士君子,庶民是无法自行组织的。宋代以来形成的地方士绅,是地方的头面人物,也是民间秩序的治理主体。具有较强儒家信念的人群向南迁徙,使得儒家文化的内生力下降。金代尽管也涌现了赵秉文、王若虚等儒士,但"相对极其薄弱"[2]。中国现代历史学家钱穆先生在《国史大纲》中提到,"在这漫长的几百年里,北方社会遭受了外族极恶政治摧残"。

---

[1] 秋风. 儒家式现代秩序[M]. 桂林:广西师范大学出版社,2013.
[2] 杨珩. 女真统治下的儒学传承:金代儒学及儒学文献研究[M]. 成都:四川大学出版社,2016.

民间秩序治理能力的下降影响了社会自组织能力,也使得民众对于政府力量的需求极为强烈,而对于市场这一"看不见的手"充满狐疑,毕竟"无形的手"经常会"失灵",甚至可能就不存在[①],这是包括山东在内的北方地区民众市场意识相对薄弱的重要影响因素。

尽管如此,文化底蕴并不是经济社会发展的决定性因素,1978年的新加坡人均GDP是当时中国的20倍,新加坡时任总理李光耀认为,新加坡华人的祖上是广东、福建等地目不识丁的农民,达官显宦、文人学士则留守中原。没什么事情是新加坡做得到而中国做不到的,山东不能因此而消极退缩。

三、现代的山东

以济南、青岛为龙头的山东半岛城市群对外肩负着深度嵌入亚洲商贸网络、以东亚小循环促进世界大循环的神圣使命,对内面临着建设高标准市场体系、建设国内重要经济增长极的责任重担,应当努力成为国家建设中日韩自贸区、亚太自贸区的前沿中心地带,贯通欧亚大陆与东亚经济走廊的"陆上地中海"。

(一)综合实力显著增强

山东地区生产总值2020年达到73 129亿元,居全国第3

---

① [美]约瑟夫·E. 斯蒂格利茨. 全球化逆潮[M]. 李扬等译. 北京:机械工业出版社,2019.

位,人均生产总值超过 1 万美元。三次产业结构优化调整为 7.3∶39.1∶53.6,粮食产量连续 7 年稳定在 1 000 亿斤以上,服务业对经济增长的贡献率提高到 55.1%。进出口总额达到 2.2 万亿元,增长 7.5%,好于全国 5.6 个百分点。实际使用外资达到 176.5 亿美元,增长 20.1%,好于全国 15.6 个百分点。一般公共预算收入 6 560 亿元,比 2015 年增长 18.6%。居民人均可支配收入 32 886 元,年均增速高于经济增速,发展质量效益明显提升。山东半岛城市群生产总值约占沿黄九省区的 1/3,进出口总额约占 1/2 以上,人均地区生产总值、地方一般公共预算收入、城乡居民收入等主要经济指标均位列沿黄各省区第一。

(二)动能转换初见成效

山东新旧动能转换综合试验区获国家批复建设,坚定不移淘汰落后动能,推动"5G+工业互联网"赋能实体经济,培育现代优势产业,裕龙岛炼化一体化、山东重工绿色智造产业城、浪潮云装备产业创新中心等引领性支柱性重大工程落地建设,"四新"经济增加值占地区生产总值比重达到 30.2%。高新技术企业突破 1.4 万家,是 2015 年的 3.5 倍,高新技术产业产值占规模以上工业总产值的比重达到 45%,比 2015 年提高 12.6 个百分点。上市公司达到 334 家,市值过千亿元的 8 家,独角兽企业 13 家。制造业单项冠军企业和产品数量全国第二,多是传统制造产品,电信核心技术、汽车自动化等前沿技术产品较少。高等技术研究院、产业技术研究院、能源研究院等新型研发机构设立运营,"蓝鲸 2 号""蛟龙号"等国之重器世界领先,区域创新能力居全国第 6 位。国家云计算装备产业创新中心、青岛 5G 高新视频实验园等新基建项目加快建设。

全面实施省级大科学计划、大科学工程规划,省级创新创业共同体达到 30 家,中科院济南科创城和中科院海洋大科学研究中心加快建设,启动首批 5 家省实验室。深化科教融合,整合组建新的齐鲁工业大学、山东第一医科大学。出台集聚人才政策,在鲁两院院士和海外学术机构院士达到 98 位,国家级和省级领军人才 4 145 名,分别比 2015 年增长 113%、215%。

(三)改革开放纵深突破

山东省纵深推进"放管服"改革,省级权力事项压减 59%。市场化、法治化、国际化营商环境建设成效突出,全面推开"一网受理、一链办理、一网通办",加快推进国企、财税、开发区等重点领域和关键环节的改革,企业开办时间由 20 天压缩至 1 天,市场主体达 1 185.8 万户,比 2015 年增长 91.8%。整合设立 120 亿元的省级科技创新发展资金,实行科技攻关"揭榜制"、首席专家"组阁制"、项目经费"包干制",推进高校院所"五权下放"。实施财政资金"大专项+任务清单"管理模式,探索财政资金股权投资改革。全面推进开发区体制机制改革,推行"党工委(管委会)+"管理新体制,压减管委会内设机构 58.7%、人员 56.2%。打造对外开放新高地,自贸试验区试点任务实施率达到 92.9%。深度参与共建"一带一路","十三五"以来,山东省对"一带一路"沿线国家进出口突破 2.5 万亿元,实际投资超过 560 亿元,完成工程营业额超过 2 100 亿元。2020 年,

"齐鲁号"欧亚班列开行 1 506 列，跨境电商进出口、市场采购贸易出口分别增长 366.2%、84.5%。获批建设中国(山东)自由贸易试验区、中国–上合组织地方经贸合作示范区，推动创建中日韩地方经贸合作示范区。上合组织青岛峰会、儒商大会、国际友城合作发展大会等重大国际性活动成功举办，跨国公司领导人青岛峰会永久落户，向世界展示了开放包容、充满活力的新山东。

（四）基础设施全面跃升

"四横五纵"综合运输大通道加快贯通，高铁、高速公路通车里程分别达到 2 110 公里、7 473 公里，进入全国第一方阵，省内高铁成环运行、县县通高速。城市轨道交通通车里程达到 339 公里，济南、青岛两市进入地铁时代。沿海港口货物吞吐量达到 16.9 亿吨，居全国第 2 位。青岛胶东国际机场、济南遥墙国际机场二期等工程加快推进。"三交两直"特高压输电格局建成，接纳省外来电能力达到 3 500 万千瓦。新能源和可再生能源发电装机量达到 4 791.2 万千瓦，是 2015 年底的 4.3 倍。实施水安全保障工程，黄水东调、引黄济青改扩建等工程相继建成，骨干水网总长度达到 1 459 公里，供水保障和防洪减灾能力显著增强。获批创建国家工业互联网示范区，建成开通 5G 基站 5.1 万个，居全国第 4 位，实现 16 市主城区全覆盖。

（五）生态环境明显改善

全面完成煤炭消费总量压减任务，推行河长制、湖长制、湾长制、林长制，深入推进长岛海洋生态文明综合试验区、泰山区域山水林田湖草生态保护修复、黄河三角洲湿地生态系统保护治理工程建设。全省万元地区生产总值能耗比2015年累计下降19%，PM2.5浓度下降37%，优良天数比例提高14.2个百分点，蓝天白云、绿水青山成为常态。国控断面地表水达到或好于Ⅲ类水体的比例为73.5%，劣Ⅴ类水体、设区市建成区黑臭水体全部消除，近岸海域水质优良面积比例达到94.1%，森林覆盖率预计达到20%以上，新增水土流失治理面积6 782平方公里。

（六）民生福祉持续增进

深入实施精准脱贫方略，省标以下251.6万人全部脱贫，8 654个省扶贫工作重点村全部退出。多层次社会保障体系基本建成，民生支出占财政支出的比重维持在80%左右，全面建立涵盖养老、医疗、失业、工伤、生育五项社会保险的制度体系。居民和职工医保住院报销比例分别提高到70%左右和80%以上，率先建立职工长期护理保险制度，高血压、糖尿病等慢性病和癌症治疗用药纳入医疗保障，集中带量采购药品、高值医用耗材平均降价60%以上。截至2020年，居民人均可支配收入达32 886元，比2010年翻了一番，居民基础养老金最低标准由每人每月85元提高到142元。城乡低保平均标准比2015年末分别增长55%、98%。教育综合实力显著增强，教育支出突破1万亿元，普通中小学56人及以上大班额实现动态清零，高等教育毛入学率达到56.75%，康复大学获批筹建，山东第一医科大学建成并开展招生工作,全民健身和全民健康深度融合。社会主义核心价值观得到大力弘扬,优秀传统文化繁荣发展,尼山世界文明论坛、尼山世界儒学中心成为全球文明互鉴的重要平台。

(七)区域城乡更趋协调

山东半岛城市群战略位势加快提升,济南、青岛核心城市辐射带动能力显著增强,全面启动省会、胶东、鲁南三大经济圈建设,突破菏泽、鲁西崛起成效突出,完成济南、莱芜行政区划调整,常住人口城镇化率达到61.8%。乡村振兴齐鲁样板建设扎实推进,建设高标准农田6 113万亩,农业科技进步贡献率超过65%,并建成全国唯一的出口食品农产品质量安全示范省,农林牧渔业总产值首次突破1万亿元。美丽村居建设成效明显,农村自来水普及率达到97%,引黄灌区农业节水工程全面实施。海洋强省"十大行动"深入推进,集中打造青岛船舶、烟台海工、潍坊动力装备、海洋油气装备等产业集群,国家级海洋牧场示范区占全国40%,海洋生产总值占地区生产总值比重、占全国海洋生产总值比重分别达到1/5和1/6,整合后的省港口集团年货物吞吐量居沿海港口集团第一位。

四、山东半岛城市群面临问题探讨

对比粤港澳大湾区、长三角城市群等国内先进省市和城市群,山东半岛城市群发展面临的根源问题似乎跃然纸上,在山东半岛厚植创新基因、建设高标准市场体系的必要性和迫切性可见一斑。

一是市场化水平有待提高。从发展历史看，自三国时期至新中国成立，山东地区饱受战火考验，因战乱而导致的人口伤亡、人口迁徙几乎一直持续到新中国成立，长期的战乱直接影响了百姓财富的积累与商业文化、商业网络的形成。从对外贸易看，山东在明清时期灾荒、战乱不断，远离近代亚洲贸易网络，且重农轻商意识浓厚，未能形成诸如宁波帮、闽南华侨这样强大的涉外旅外商业组织团体，如同今天市场经济条件下缺失商会、协会等中介组织，市场化理念也就成了"无源之水"。例如第二次世界大战之前，中国移居美国侨民主要来自广东台山，有"亚洲的犹太人"之称。从文化传承看，齐鲁两派文化存在显著不同，鲁"尊尊而亲亲"即重视礼治，而齐"尊贤而尚功"即举贤任能，省内文化观念差异也进一步加大了山东各地区之间经济融合的难度，也阻碍了市场统一。

二是适应新经济发展的体制机制有待完善。经济发展质量效益有待提升，发明专利授权量仅为广东的35%、江苏的52%，PCT国际专利申请量仅为广东的11%、江苏的31%，缴纳个税仅为广东的24%、江苏的47%，数字经济占GDP比重仅有44%，位列全国第8位，与山东省的综合经济实力地位不匹配。第二产业比重接近40%，传统工业、重化工业所占比重偏大，国有经济比重较高，服务经济不发达，进而影响制造业和服务业相互渗透融合的进程，阻碍产业和市场的有机联系，对于数字时代制造业和服务业融合发展趋势的适应能力有限。

三是毗邻日韩优势开发不充分。山东与日韩合作愿望强烈，对担当中日韩自贸区前沿地带充满期待，但也担忧中日、中韩关系的不确定性带来的冲击。然而，数据显示国内珠三角、长三角两大城市群与日韩经济联系更加密切，尤其是进口贸易额远超山东，反映了两大城市群与日韩产业合作质量更高，中日政治关系对两国经贸合作的影响有限，山东须加快打造有吸引力、竞争力的投资经营环境，提升对域外资金、技术和人才的吸引力、竞争力。

四是与全球价值网络嵌套有待深化。山东半岛尚未培育起香港、上海这样一个引领珠三角、长三角参与全球经济合作的"引路人"，与全球供应链价值链网络嵌套不充分，开拓世界市场能力不足，对外经贸规模（货物进出口总额、人民币跨境收付额度）相对不大，导致区域分工协作、联动发展无法实现，核心城市能级有待提升，城市群一体化程度较低，在国家城市群体系中处于第二梯队。

五、引领建设高标准市场体系

要素市场化配置是建设高标准市场体系的核心。山东半岛城市群须在完善产权、市场准入负面清单和公平竞争等制度的基础上，深化要素市场化配置改革，提高产业资源配置效率和资源产出能力，建设统一开放、竞争有序、制度完备、治理完善的高标准市场体系。

（一）全面深化改革畅通市场循环

"十四五"期间，国家将推动建设高效规范、公平竞争的国内统一市场。国内统一大市场主要体现在各类市场形态、市场主体、区域与城乡市场、内外部市场规则机制的协调匹配和统一融合，要通过改革创新疏导市场体系不健全、不完善的深层次问题，促进市场内在机能提升，使得市场形态从低级向高级阶段、从不发达向发达状态演变，在统一融合过程中促进国内市场规模扩大、规则完备和影响力提升。

山东半岛城市群要率先促进商品市场、要素市场、服务市场的同步发育与深度融合，增强商品市场内部的终端产品和上游原材料市场的统一融合，促进土地、资本、劳动力、科技和信息数据等要素市场的融合创新，为实体经济发展提供坚实支撑。加快扭转要素市场化改革滞后于商品市场化局面，推动支撑研发创新、服务消费的科技和数据要素市场有序开放和统一融合。在发达国家吸引制造业回流、周边发展中国家凭借低廉成本优势挤占我国低端代工商品市场空间的大背景下，通过推进对外部原材料和部件的国产化替代或者是出口转内销等方式，增强国内中间投入品与终端消费品市场的关联性和匹配度具有重要现实意义。

山东半岛城市群既需要对区域内一些不适应国际市场新变化的体制机制进行改革，也需要以新的理念、新的机制、新的方式参与国际事务，提高在国际资源配置、投资与贸易规则制定中的影响力和话语权。要进一步提升开放层次，从商品和要素流动型开放转向制度型开放,促进国内规制与国际通行规制接轨,推动内外部市场监管规则的统一,为提升我国全球治理参与度和影响力提供战略支撑。

(二)建设协同发展产业体系

一是促进中心城市和城市群间的一体联动。中心城市和城市群成为促进区域或国家经济社会发展的动力源,不仅得益于产业、人口等要素的快速有效集聚,而且得益于城市间的协同发展和一体联动。山东半岛城市群必须推动济南、青岛两大中心城市一体化合作取得突破,通过中心城市的协调发展带动城市群一体化发展,中心城市与一般城市间按照主辅配套原则优化功能定位。

二是加强城市群内产业协作。推动山东制造业协同发展,按照集群化发展方向,打造全国先进制造业集聚区。强化区域优势产业协作,推动传统产业升级改造,建设一批国家级战略性新兴产业基地,培育具有国际竞争力的龙头企业,形成若干世界级制造业集群。**发挥重化工业基础雄厚、人力资源丰富、土地成本相对较低等优势**,构筑有利于发展服务经济的人力资本竞争优势,大力发展现代服务业,加快融入全球服务价值链,抢占国际服务市场份额,推动服务业服务内容、业态和商业模式创新,共同培育高端服务品牌,形成先进制造业与生产性服务业融合互动发展态势。协同推进服务标准化建设,培育高端服务品牌。引导产业合理布局,坚持市场机制主导和产业政策引导相结合,完善区域产业政策,优化重点产业布局和统筹发展。强化具有全球竞争力的产业创新高地建设，提升产业集聚能力，重点布局总部经济、研发设计、高端制造、销售等产业链环节，大力发展创新经济、服务经济、绿色经济，推动一般制造业转移。

三是加强与国内城市群龙头开展产业协作。上海、深圳、苏州等城市历经40多年改革开放，与欧盟、东盟、中国台湾等形成了密切的产业合作网络，货物贸易进出口额巨大，是中国作为制造业大国的核心支撑。**长三角沿江创新走廊15个城市依托全球科创中心、国家科学中心、自主创新示范区、自由贸易试验区等组成的国家开放创新战略体系，形成中心城市引领、紧密衔接、功能互补的创新延绵之势。**与粤港澳大湾区、长三角等城市群相比，受历史、区位等多方面因素影响，山东半岛城市群发展相对滞后。

国家着手构建新发展格局，为山东半岛城市群与国内龙头城市群开展产业协作提供了良好机遇，同时也有利于"深化国内不同产业和领域环节间的技术、产品与市场联系，推进建链复链拓链进程，扭转产业链高度外联、自我循环支撑能力不足的困境，为提高产业链现代化水平打好基础、锻好架构"。山东半岛城市群须加强与珠三角、长三角、黄河流域城市群开展产业协作，加快国产化替代进程，提升中间品贸易份额，在服务构建新发展格局征程中建设有国际竞争力的中间品贸易网络节点。

海尔、潍柴动力等企业已率先垂范，一方面实施国际化发展战略，加大国际并购力度，另一方面加强与国内龙头城市的战略协作。2017年，上海市政府与海尔集团达成合作意向，在松江区设立海尔集团"产城创"生态圈，打造全国智能制造和工业互联网领域标杆。潍柴动力注重推动产业链协同发展，2011年入驻扬州亚星，在潍坊、上海、西安、重庆、扬州等地建立研发中心，在全球多地设立前沿技术创新中心，搭建全球协同研发平台。

（三）鼓励区域人口自由流动

经济一体化是以包括人力资源在内各生产要素的高度集聚为基础和前提的，并对保障人的权利提出了要求。推进基本公共服务一体化，促进劳动力在地区间自由流动，使区域内享受的公共服务不因人口的移动而发生大的变化，鼓励人力资源在区域内自由流动，不仅支持了资金、技术、信息等其他要素的自由流动，促进优势互补、错位发展，而且是社会发展的巨大进步，实现了经济社会协调发展。

山东半岛城市群急需加快破除行政区划、城乡二元体制的限制和障碍，构建资源要素优化配置、共建共享、流转顺畅、协作管理的社会公共事务管理机制，推动基本公共服务标准化便利化，促进区域经济一体化发展。一是全面实施基本公共服务标准化管理，以标准化促进基本公共服务均等化、普惠化、便捷化，促进人力资源要素的自由流动。二是推动基本公共服务待遇（公共医疗卫生、生活保障、住房保障、公共就业、职业标准及认证体系等）互认，基本公共服务水平不因异地流动而改变，促进资源要素自由流动。三是创新跨区域服务机制，推动基本公共服务便利共享。探索构建山东半岛区域基本公共服务平台，促进居民异地享受基本公共服务并便捷结算，推动实现资源均衡分布、合理配置。

六、在山东半岛厚植创新基因

制造业事关大国核心竞争力。近代世界霸主国家均通过把握工业革命机遇实现赶超，美国则抓住第二次、第三次工业革命机遇，长期保持全球制造强国地位。

从经济学角度看，独立自主的发达制造业（资本品工业）是国家财富增长的引擎，是发达国家和发展中国家收入差距日益扩大的决定性因素。发达国家的农民、理发师和出租车司机的实际工资远超过与其生产率相同的发展中国家同行，根源在于制造业在提高本部门工人收入之后，还通过劳动力供求和部门间收入系统性互补等协同效应，使消费品工业、农业和服务业等部门劳动者分享到制造部门创新收益，发达的制造业是收入增长的发动机。制造业在这里发挥了两种功能，一是大幅度提高装备使用部门生产率，二是为装备制造部门和其他部门提供了创新收益，这两种功能可以在不同国家间分离。**拥有发达的装备制造业或者制造部门是提高居民收入水平、扩大内需市场的关键因素**。发展中国家的装备制造部门在发展初中期必须依赖国内市场，装备制造部门与使用部门互为市场，推动国民经济平衡增长。

至此，中国供应链网络的重要性进一步显现，不仅助力中国在国际分工网络中占据一席之地,同时也为克服"中等收入陷阱"、提高居民生活质量、扩大内需市场、迈向高收入国家奠定了坚实基础。但中国的工业技术实力还有待提高,以基础研究为代表的原始创新存在较多薄弱环节,创新能力还不适应高质量发展的要求,中国科技人员 SCI 科技论文平均每篇被引次数仅有 11.94 次,低于世界平均水平的 13.26 次。

根据麦肯锡的研究,一个国家或地区要提高在技术价值链的地位,必须具备 4 大要素:①大规模投入资金;②拥有获取技术和知识的渠道;③进入庞大的市场;④推行鼓励竞争和创新的有效制度。几乎在所有的技术价值链中,中国在第一个(投资规模)和第三个(市场)要素上拥有极大优势。中国向价值链上游挺进的关键点在于另外两个要素,即开发和收购核心技术,建立具有竞争活力的创新生态。

山东半岛城市群必须坚持创新在现代化建设全局中的核心地位,主动服务国家科技自立自强,面向世界科技前沿、面向经济主战场、面向国家重大需求、面向人民生命健康,链接全球创新资源,打造全球顶尖科技合作创新中心,提升产业链供应链现代化,建设内聚外通的开放型区域创新体系。

(一)构建区域创新共同体

加强科技创新前瞻布局,集中突破一批"卡脖子"的核心关键技术,联手营造有利于提升自主创新能力的创新生态,打造全国原始创新策源地。加强原始创新成果转化,构建开放、协同、高效的共性技术研发平台。**推动先进制造业与现代服务**

业融合创新，探索跨行业要素资源共享新模式，催生传统产业分类边界间新业态。依托现有国家科技成果转移转化示范区，建立健全协同联动机制，共建科技成果转移转化高地。打造山东半岛技术转移服务平台，实现成果转化项目共同投入、共同转化、利益共享。共建多层次产业创新大平台，协同推动原始创新、技术创新和产业创新，合力打造山东半岛科技创新共同体，形成具有全国影响力的科技创新和制造业研发高地。加强人工智能、生命健康、量子信息、未来网络、生物技术、空天海洋等未来产业布局，推动前沿基础型、应用型技术创新取得重大突破，打造"从0到1"的未来发展新优势。

（二）建立创新人才培养机制

培养创新人才，深化教育改革是基础。华为总裁任正非指出："中国现在的教育体系还是沿着工业社会的教育方式，主要以培养工程师为中心。中国作为一个在科技上起步的国家，应该在基础教育和基础研究上加大投入。"山东高等教育考试竞争惨烈，加剧了教育体系的内圈，应该加快推进教育评价、考试招生等方面综合改革。深化新时代教育评价改革，建立健全教育评价制度和机制，发展素质教育，更加注重学生爱国情怀、创新精神和健康人格培养。

着眼于建设世界重要人才和创新中心，创新发展高等教育，高起点、高标准建设研究型大学，推进高等教育和科研合作。加快建设产业发展亟须的理工类学科，培育新兴交叉学科，探索国际化课程体系和培养模式，大力引进一流水平的国际师资。

加大义务教育投入，推进高中教育扩优提质，坚持五育并举，突出全员、全过程、全方位育人，促进学生全面发展，与"一带一路"沿线国家，开展基础教育、职业教育和高等教育等多层次国际合作办学。

（三）构建满足科创需求的空间体系

根据学者杨波、邓智团的研究结论，全球创新链通过整合世界各地的创造资源要素，以空间维度拓展打破技术创新的兴趣鸿沟、技术鸿沟、商品化鸿沟及扩散鸿沟，实现创新生产与转化。全球创新链的核心链接机制是技术、资本与价值链的链接。技术链接主要通过技术转让、技术买卖、技术合作等方式，促进先进技术流动，使得创新区域之间建立更为紧密的联系。资本链接主要是指围绕技术创新活动开展的风险投资活动，能够促进先进技术、优秀人才和管理经验的有效交流。价值链链接主要是指产业链、供需链和空间链维度的相互链接。在城市群层面，可以参照应用全球创新链的有关理论，加强技术、资本和价值链接。

山东半岛城市群应从科技、产业创新中心建设的内在要求出发，坚持"高效集约、紧凑有序、均衡协同、绿色生态、公平开放"等原则，以空间提升促进科技产业创新集聚发展，构建起区域性技术、资本、价值链接机制，同时融入全球创新链。落实国家区域发展战略，建设以济南、青岛两市作为龙头，其他城市为支点的网络化创新体系，充分对接北京科技创新中心等研发创新机构、上海科技创新中心等研发创新机构，加快合作交流，促进优势互补协同发力，加快国家自主创新示范区建设，共同打造国家创新驱动发展的战略支点。强化济南、青岛知识创造、要素集散等功能培育，重点提升原始创新、应用研究和科技成果转化能力。其他城市逐步提升应用研究和科技成果转化能力，打造创新节点。

第九章 培育数字技术创新策源能力
CHAPTER 9

技术是决定贸易竞争优势的关键变量。随着中国经济转向高质量发展，我国与发达国家在传统制造领域的竞争加剧，亟须推动新旧动能转换，开拓新的合作空间。国家"十四五"规划纲要明确提出迎接数字时代，激活数据要素潜能，促进数字技术与实体经济深度融合，推动数字产业化、产业数字化，重点发展云计算、大数据、物联网、工业互联网、区块链、人工智能、虚拟现实和增强现实等产业，打造数字经济新优势。

一、工业互联网驱动制造范式革命

工业互联网影响着46%的全球经济，是第四次工业革命的战略核心，主要特征是智能化。从国家工业和信息化部对于工业互联网的定义看，工业互联网是连接工业全要素、全产业链、全价值链，支撑工业智能化发展的关键基础设施，是新一代信息技术与制造业深度融合所形成的新兴业态与应用模式，是互联网从消费领域向生产领域、从虚拟经济向实体经济拓展的核心载体，是推进制造强国和网络强国建设的重要基础，是我国抢占国际制造业竞争制高点、数字经济发展主动权的不二选择。

工业互联网一端连接着用户,一端连接着生产者,借助人工智能算法等大数据分析工具,了解到用户的个性化需求,再把满足用户需求的生产要素组织起来,推动制造业与互联网实现了深度智能化融合。在工业互联网时代,无数的线下物理机器在虚实空间中被云计算和边缘计算赋能,同时与其他机器动态协作形成一个基于网络的超级虚拟机器。于是,工业互联网成为驱动虚拟"超级生产机器"运作的虚拟工厂。虚拟工厂是动态组织的,在某一段时间属于某一个生产组织者,而下一段时间属于他人。所有实体工厂变为共享资源,只要空闲并有共享意愿,就能够被共享使用。要实现这样的目标,作为实体的工厂必须做出根本性改变,通过工业互联网与用户智能化连接。

工业互联网将推动全过程、全领域的智能化。智能化与自动化的主要区别在于前者赋予劳动工具和劳动对象以自主学习能力。资本一旦具有了自主学习能力,传统经济条件下的资本边际报酬递减规律将为资本边际报酬递增规律所代替,企业之间的竞争成败将不仅取决于资本数量,更取决于资本具有的智能和学习能力。

人工智能有着天然的自我增强属性,即从生产者和消费者两端赋能,在结构优化、过程效率、用户体验等方面带来全方位提升,使得生产者和使用者之间的数据流不断加速增值。于是,在工业互联网、大数据和人工智能共同作用下,不仅是制造活动得以重构,生产者和用户间的关系也被重组。

透过工业互联网以上应用图景,我们不难发现,人工智能核心技术攻关、制造业数字化转型、数据要素的市场化配置和数字贸易国际规则等是青岛必须攻克的"堡垒"。在后工业化时代，制造业只有插上数字的翅膀方可降本增效，对于曾经位居"上青天"工业强市之列的青岛来说，同样可以借助于推动制造业数字化转型契机，提升信息技术创新水平。发展工业互联网，以数字技术赋能工业企业、以工业场景支撑信息技术研发，意味着全新赛道的开辟，是为青岛补足信息技术短板、冲击国内数字经济第一方阵的重要机遇，更是青岛打造制造强国、网络强国战略支点的担当。

二、加快发展工业互联网时不我待

经过改革开放40多年的发展，青岛工业体系基础雄厚、门类齐全、结构完备，涵盖全部41个工业门类中的36个，拥有现代工业体系中最重要的汽车、电子、钢铁、石化、造船五大核心产业，正在突破集成电路、移动显示等新一代信息技术产业短板。同时，也处于爬坡过坎、转型发展的关键时期，在国内国际经济向下压力较大的大环境中，迫切需要加快工业互联网这样引领性技术的发展步伐，推动工业生产方式变革，促进新旧动能接续转换，抢占未来经济发展主动权。

海尔卡奥斯平台已链接全省8.2万家企业，入选2020年胡润全球独角兽榜，荣获中国本土企业首个德国工业4.0大奖；特来电新能源汽车充电网平台已在汽车工业互联网领域立足；赛轮集团橡链云平台构建了轮胎橡胶行业最完整、最丰富的机理模型库；柠檬豆平台成为行业潜力股；高校信息正着力构建能源互联网平台；世界工业互联网产业大会已连续举办五届。

但总体看，青岛建设世界工业互联网之都仍面临重重困难。青岛数字经济在赛迪研究院《2021数字经济城市百强排名》中位列全国17位，核心产业（计算机、通信和其他电子设备制造业，电信广播、电视和卫星传输服务，互联网和相关服务，软件和信息技术服务业）增加值占生产总值比重约为10%，规模以上工业主要产品主要包括电视机及电子元件、家用电冰箱、家用洗衣机等，现代高附加值产品种类不多。新业态新模式发展不足，细分领域互联网平台影响力有限，跨境电商交易额仅为宁波的3.7%，视频直播类企业数量仅为成都的10%。2020年，青岛市规模以上信息传输、软件和信息技术服务业实现营业收入435亿元，实现利润63亿元，产业规模不大。

在国家层面，我国高度重视工业互联网体系建设，出台一系列关于工业互联网、智能制造的政策，于2016年2月成立工业互联网产业联盟，8月发布工业互联网体系架构（1.0版），2020年4月发布工业互联网体系架构（2.0版），基于网络、数据、安全三大体系打通设备资产、生产系统、管理系统和供应链条，实现生产过程的智能分析与决策优化。我国网民规模、手机网民规模和社交网站活跃用户分别超过10亿、10亿和7亿，超过美国、欧盟总和，凭借超大规模市场优势和宽松的制度环境，已培育了一批具备全球化视野和实力的数字经济企业。在世界经济论坛和波士顿咨询公司评测的54家工业4.0时代全球数字化灯塔企业中，中国企业占据16席，海尔中央空调和海尔冰箱（沈阳）互联工厂入选，显示出引领组建数字化创新链的乐观前景。

 专栏一

德国、美国工业 4.0 战略要点

"工业 4.0"由德国率先提出，2011 年 1 月由德国产学研联盟通信促进小组发起，11 月被纳入"德国 2020 高科技战略行动计划"。德国工业 4.0 从理念走向国家战略，德国教研部和经济能源部扮演了重要角色，由 ZVEI（德国电子电气制造商协会）、VDMA（德国机械设备制造业联合会）和 BITKOM（德国信息技术、电信和新媒体协会）三家协会组织，发起创建了国际性"工业 4.0 平台"，并与 DKE（德国电工电子与数字技术标准化委员会）、VDI（德国工程师协会）、VDE（德国电气工程师协会）等传统标准化组织进行了合作。

相比之下，美国工业互联网联盟是更多依靠产业界力量的民间产业联盟，由通用电气（GE）倡导，思科（Cisco）、IBM、Intel 以及国际标准化组织、国际电工委员会等国际行业组织参与，旨在打破技术壁垒、促进物理世界和数字世界的深度融合，更加注重软件、互联网、大数据等对于工业领域的颠覆。

资料来源：根据国务院发展研究中心《借鉴德国工业 4.0 推动中国制造业转型升级》整理。

当前，国内互联网的主战场正从消费互联网向产业互联网转移，青岛未能抓住上一轮消费互联网的发展机遇，在新一轮工业互联网竞争中的引领力依然不足。作为国家东部沿海重要的中心城市,青岛没有退缩的理由和空间,唯有立足"两个大局",心怀"国之大者",抢抓国家加快数字化发展机遇,统筹发展和安全,强化创新驱动,夯实网络基础,深度嵌入国内外产业分工体系,建设具有国际影响力的工业互联网生态枢纽和国家工业互联网产业发展高地。加快补足创新体制、基础设施、人才培育等方面存在的短板,构筑良好数字技术科创生态,运用市场逻辑和资本力量,通过数字技术赋能推动传统产业"脱胎换骨",超前布局培育 B2B(Business To Business)模式和研发密集度较高的未来产业(如数据分析和绩效软件、云计算、医疗 IT 等),积极参与构筑国际数字贸易规则体系,培育数字技术创新策源能力,抢占科技创新制高点。

三、构筑数字技术科创生态

发挥青岛禀赋资源优势,围绕国家战略性需求推进创新体系优化组合,积极争取国家实验室落户,参与重组国家重点实验室,最大程度地参与国家新型举国体制,打好关键核心技术攻坚战,培育人工智能、工业互联网等数字技术创新策源能力。

青岛拥有古镇口融合区等集聚国家级创新要素资源的金字招牌,制造业基础良好,全力建设创业城市和国际化创新型城市,持续高水平打造全球创投风投中心,可借鉴美国国防部高级研究计划局(DARPY)在创新领域实施强力政府干预的经验,争取国家在青岛布局人工智能重大科技工程和战略引领产业,引导人工智能科技成果向军事民用双向转化应用,强化新一代人工智能技术对指挥决策、军事推演、国防装备等的有力支撑,培育创新策源能力,助力国家维护核心利益和抢占国际科技竞争主导权。

 专栏二

借鉴美国军民融合经验推动人工智能军事应用

人工智能是引领未来的战略性技术。美国把发展人工智能作为提升国家竞争力、维护国家安全的重大战略,决定"将人工智能纳入决策和作战,形成军事优势",出台了一系列发展战略规划进行顶层设计。美国国防部高级研究计划局(DARPY)以项目为支撑推进人工智能技术军事应用,计划在未来五年内打造一支大型海上无人舰队,智能战争时代逐步迫近。DARPY成立于20世纪50年代末,不仅包括国防部、国家宇航局和国土安全部,还包括能源部、国家科学基金会等部门,这种军民融合体制将信息、生物、能源、纳米等几乎所有高科技研究纳入"国家安全政府部门"管辖范围,形成市场经济体制下的网络型举国体制,促成了二战后美国的高科技霸主地位。

加快构建企业需求导向的科创生态,强化企业创新主体地位,完善技术创新市场导向机制,促进各类创新要素向企业集聚,推动创新主体充满活力、创新链条有机衔接、创新效率大幅提高。推动龙头制造企业依托工业互联网平台,与上下游产业链企业实现深度互联，打造全产业链信息数据链，打造资源配置优化、多方参与、共赢互信的高质量生态圈。健全知识产权保护运用机制，实施最严格的知识产权保护制度，加强知识产权公共服务平台建设。改革国有知识产权归属和权益分配机制，扩大科研机构和高校知识产权处置自主权。深化知识产权质押融资，探索知识产权证券化。

深化科技管理体制改革，坚持以市场为导向、产业为中心，优化重大科技项目、科技资源布局，推动重点领域项目、平台、人才、资金一体化配置。改进科技项目组织管理方式，深化科技攻关"揭榜制"、首席专家"组阁制"、项目经费"包干制"，创新企业家、基金管理者参与科技立项决策机制。改革政府科技资金配置体制，重点资助应用性基础研究，停止或减少对接近生产的产品开发、模仿创新资助。建立以科技成果绩效为导向的市场化、社会化科研成果评价制度，完善科技奖励机制。推进技术开发类科研机构企业化转制，深化高校、科研院所内部治理改革，赋予科技创新、编制使用、职称评定等更大自主权，建立健全高校、科研机构、企业间创新资源有序流动机制。创新订单式研发和成果转化机制，探索以技术交叉许可、建立专利池等方式促进成果转化扩散。畅通科技成果转移转化渠道，发展天使投资、创业投资，创新投贷联动等科技金融服务模式。

四、推动数据要素高效配置

培育建立数据要素市场，在数据生成、确权定价、流通交易、安全保护等方面制定地方性法规和标准规范，探索建立数据要素高效配置规则体系，加强个人信息保护和数据安全管理。引导培育大数据交易市场，依法合规开展数据交易，支持条件成熟机构建设大数据交易中心。探索数字资产证券化，争取建立数字资产交易所。完善数据交易、结算、交付、安全等功能，促进区块链技术在数据交易中的应用。

积极推动公共数据资源开发利用，选择经济效益和社会效益明显的教育、交通、生物安全、医疗健康等领域，开展公共数据资源开发利用试点。加强数据分级分类管理，确定可开发利用数据资源范围，建立公共数据资源开发利用目录清单，明确公共数据资源开发利用的边界条件和监管措施。设立公共数据资源交易机构，探索数据产品和服务价格形成、收益分配机制，推动公共数据资源市场化配置。推进政府数据开放共享，建立政务数据开放"负面清单"制度，建设自然人、法人、自然资源与空间地理、社会信用和电子证照等基础数据库。统筹整合各方资源，建立共治共享的数据开放共享体系架构。开展数据共享、开放、分析等服务，在实现提供数据基础上向提供服务升级。

打造数据要素流通顺畅的数字半岛。依托自贸试验区、上合示范区等高能级开放载体，建立山东半岛科技创新国际合作区，携手欧日韩俄共建山东半岛大数据中心、离岸数据中心、数据服务试验区，促进数据资源在山东半岛充分汇聚、深度应用和跨境流动。健全山东半岛网络与信息安全信息通报预警机制。

五、培育数字经济竞争优势

工业互联网的发展安全是前提、网络是基础、数据是核心。青岛首先要集成发展新一代感知、网络、算力等数字基础设施,推动信息基础设施加速向高速率、全覆盖、智能化方向发展,以数字化推动工业化和信息化、服务业和制造业更广范围、更深程度融合,推进制造业提质增效,打造数据驱动、软件定义、平台支撑、服务增值、智能主导的现代化产业体系。

加快工业互联网创新发展,建设数字孪生企业,打造示范工厂,促进产业链供应链数字化增智,实现精准固链补链强链,打造代表国家参与全球竞争的标志性产业链和产业集群。加强龙头企业牵引,建设工业互联网标杆平台,增强工业大数据、知识图谱和智能算法的供给水平,促进平台生态数字化增能,打造新型工业电商平台、供应链金融示范。加强供应链战略设计,促进工业互联网在高端智能家电、高技术船舶与海工装备、轨道交通装备、新能源、新材料、高端化工等产业创新应用,加快制造业生产方式和企业形态根本性变革。

加强供应链战略设计,促进工业互联网在高端智能家电、高技术船舶与海工装备、轨道交通装备、新能源、新材料、高端化工等产业创新应用,加快制造业生产方式和企业形态根本性变革。推动特色产业集群数字化转型,争取国家支持建设数字化转型促进中心,鼓励发展数字化转型共性支撑平台和行业"数据大脑",提升产业集群工业企业整体数字化转型能力。培育发展跨行业跨领域和特定行业特定领域工业互联网平台，搭建平台企业与中小微企业对接机制。

发挥京东方物联网显示器件、芯恩集成电路、富士康高端封测、歌尔微电子等龙头项目引领作用，培育集成电路、新型显示、虚拟现实等数字核心产业，链接北京怀柔、上海张江、安徽合肥等综合性国家科学中心资源，探索依托全国统一大市场提升数字经济竞争能级。

六、建设数字开放合作高地

全球产业链创新链分工不断深化，科学技术基础日趋复杂，必须推动产业链与创新链结合、制造与服务相结合、进口与出口相结合、走出去与引进来相结合，加速布局开放式、全球性创新网络，持续聚集国际创新资源，建设全球性创新网络枢纽，深化全球价值链合作，推进本区域价值链升级。

（一）加强国际科技创新合作

青岛可以利用全产业链门类、海量应用场景优势，加强与德、以、日、韩、俄等国家相关城市合作，构建都市区创新联合体，打造"世界创新资源＋中国应用市场＋青岛转化中心"的特色创新模式，构建开放协调的国际性创新资源网络。在工业软件、集成电路、高端芯片等领域积极推进"卡脖子"技术产品自主创新攻关，推动数字技术创新与转化应用，打造数字经济领先城市。探索有利于人才、资本、信息、技术等创新要素跨境流动和区域融通的政策举措，共建山东半岛大数据中心。改革科技金融领域外商投资制度性障碍，积极引进国际知名的天使投资、风险投资，鼓励国内知名创新资本与国际知名创新资本合作，支持国际创新资本吸引国际创新项目到青岛发展，打造国际创新资本集聚地和国际人才大都会。持续推进全球海洋中心城市建设，构建国际人才集聚区。加快国家自主创新示范区与国家"双创"示范基地、众创空间建设，与相关城市建立创新创业交流机制，共享创新创业资源，完善创新创业生态。

（二）探索数字国际规则标准

青岛可依托中国-上海合作组织地方经贸合作示范区、中国（山东）自贸试验区青岛片区建设国际数据港，积极探索数字技术、贸易、税收等国际规则。围绕构建符合发展中经济体利益的数字贸易国际规则目标，统筹跨国公司、中小企业、消费者、第三方主体、知识社区、政府等多方利益，在数据本地化、跨境数据流动、数据交易关税、知识产权保护等领域开展制度创新。推进数据出境安全压力测试，完善地方立法，促进数据自由流动和数据安全、公平竞争、个人隐私保护相协调。建立和培育政府间、国际组织、产业组织及企业间的多样化伙伴关系，推动政策和规则协调，共同探索数据流通、知识产权等领域的全球治理体系建设。

（三）拓展第三方市场合作

根据国家发展和改革委员会 2019 年 9 月发布的《第三方

市场合作指南和案例》，第三方市场合作被定义为中国企业（含金融企业）与有关国家企业共同在第三方市场开展经济合作。中日第三方市场合作是中国迄今开展的最为全面、合作效果最为显著的市场合作关系，1999—2011年在哈萨克斯坦进行了炼油厂项目合作、2007年在越南进行宜山水泥厂扩建合作、2014年在印度尼西亚开展锦石石油化工厂建设合作，合作基础深厚。中日2018年签署的《关于中日第三方市场合作的备忘录》，鼓励日本企业与中国企业加强在"一带一路"范围的第三国市场合作，共同推进基础设施建设与投资。

  青岛可加强与日韩、东盟、上合组织国家相关城市在5G、物联网、人工智能、工业互联网等领域建立国际合作机制，促进数字基础设施互联互通，建立面向日韩、上合组织、东盟国家的国际通信网络体系和信息枢纽，推进产业数字化、网络化、智能化和数字产业化，构建包容普惠的全球产业链。为有关发展中国家的数字平台、中小微企业进入全球数字贸易体系提供技术和能力支撑，助力这些国家实现数字化转型。

第十章　建设亚欧经济走廊企业全球化策源地

CHAPTER 10

中国特色社会主义创造人类文明新形态，与西方现代文明交织碰撞，有望迎来人类现代文明史上首次大融合、大发展，并创造新的文明高度，为新一轮文明萌芽创造条件。**青岛背倚黄河流域下游广阔腹地，须抢抓这一重要机遇，加快构建产业链、创新链、数字链相互协同的发展生态和国际一流营商环境，建设亚欧经济走廊上世界级企业聚集地、策源地，打造全球产业链供应链价值链重要枢纽。**

一、建设全球化企业策源地的战略机遇

中国在"十四五"时期将着力构建新发展格局，开启了中国策源的全球化企业培育窗口，青岛可率先推动企业管理范式变革，建设全球化企业策源地。

（一）中华深厚文化底蕴启蒙新型全球化变革

中国的超悠久历史传统、超丰富文化积淀、超大型人口规模、超广阔疆域，促成了独特的政党制度、民主制度、组织制度和公有制为主的产权结构等制度安排，进而实现了经济的快速崛起。深受中国古代伟大先哲们思想启蒙的"一带一路"倡议，以建设人类命运共同体理念为引导，尊重主权平等，鼓励沿线国家根据各自经济结构和发展水平参与"一带一路"，带动世界发达市场和新兴市场共同发展，正在开创和引领新型的全球化革命，为增加人类福祉做出巨大贡献。

（二）全新经济形态有望孕育批量世界级企业

王世渝在《数字经济驱动的全球化》中将 5G 技术推动的数字经济高级阶段称为第三次全球化浪潮（以下简称"第三次全球化"）。这一阶段的典型特征是跨国企业进入中国的目的、方式、结构将发生显著变化，由以产品、设备、技术、品牌输入为主要内容的输入式全球化转变为融合式全球化，即跨国企业与中国的产业、企业进行融合，刻上中国印记，可称为"全球企业的中国化"。数据显示，2021 年，跨国公司在中国设立的主要研发、创新中心达到 19 家，中国将成为新技术、新模式的创新地、研发地、试验场，迎来由向世界输出产品与全球化企业并重的时代。第一次全球化浪潮是蒸汽机、内燃机和电力技术应用推动的殖民经济全球化。第二次全球化浪潮是电子、计算机、信息技术时代的资本经济全球化，以美国为首的西方发达国家围绕产品、技术、金融、法律、贸易规则等领域建立了强大的全球化经济体系。135家中国企业借力第二次全球化浪潮入选2020年《财富》世界500强排行榜。

在供给侧，5G时代的中国已经培育形成持续迭代创新的数字生态系统，依托全球最大的制造业规模和物联网、区块链、人工智能等数字前沿技术，引领零售整合、服务虚拟化、移动革命（互联智能汽车）、社会生活数字化、工业互联网、数字城市化六大数字创新趋势，驱动生物技术、新能源、新材料、高端装备、航空航天、绿色环保、社会治理等领域深化数字化转型，颠覆性重构传统产业链、价值链、供应链，成为数字创新企业的乐土。

在需求端，宝马中国市场销量自2013年首次超越美国以来，2020年达到77.7万辆，远超美国的27.9万辆，奔驰、奥迪等品牌大抵如此，凯迪拉克甚至60%的市场在中国，表明中国中高端购买力人群数量初步超过美国。在这些传统产业领域，特别是西方国家拥有百年历史的汽车等重资产精细制造业领域，欧美产品的市场地位难以撼动，中国很多中产和富裕人群曾经把欧美产品作为首选。在一些新兴产业领域，中国年轻一代对于新技术的独特偏好推动着科技产品快速迭代，使得消费升级与产业创新相得益彰，中国90后消费者已经开始摆脱对国产品牌的偏见，更多选择国产而非外国品牌。

中国消费市场曾经孕育众多世界级企业，完全有条件在创新和消费两大引擎驱动下，顺应数字化发展趋势，构建全新经济形态，引领第三次全球化浪潮，在迈向社会主义现代化强国的历史性进程中向世界输出一批伟大的企业。

（三）企业组织管理方式变革迎来中国化时代

美国科学家、哲学家托马斯·库恩认为，"科学革命"的实质是"范式的转换"（paradigm shift）。以互联网为代表的信息革命，将沟通的便利性提升到前所未有的高度，物联网进一步把全世界（包括所有的人和物）连成网络，"万物互联，实时互动"将成为未来社会最根本的特征之一。中国数字经济的崛起必将催生以提升创新效率为核心的企业管理方式变革，与中国向高收入经济体迈进的滚滚洪流形成共振，对世界产生革命性影响。

数字化发展时代的组织结构必然以创新为动力，向着实时感应客户的协同生态体演进，通过聚合和激发创造者追寻创新效率最大化。以科层制为特征、以管理为核心职能的传统组织面临着前所未有的挑战，未来组织最重要的职能是提高创造者的成功概率，赋能是实现目标的核心路径。赋能型组织将创造者所需的资源内部化，通过协同机制激荡和倍增其创新能力，进而产生更高的效率和价值。或者说，赋能型组织的核心价值在于赋能，通过平台协同机制，实现更自由地联结、更顺畅地协同、更高效地共创。

（四）承载海陆双重文明的青岛打开活力之窗

当前，世界进入数字化时代，中国数字经济发展强劲，富有活力的商业模式层出不穷，独角兽企业通常数量接近全球

1/3。青岛依托国家综合优势,与兄弟城市加强分工协作,致力于建设海陆文明融合示范城市,有利于发挥青岛产业基础良好、门户枢纽功能完备、城市治理效能高效等优势,放大跨国公司领导人峰会、中国-上海合作组织地方经贸合作示范区等高能级载体作用,激活文化、创新、数据等要素潜能,最大程度上释放发展活力。

二、建设全球化企业策源地的重点任务

中国依托完整的工业体系、大国市场、数字经济等优势吸引了越来越多的外国企业投资,最典型的案例当属特斯拉在上海建立超级工厂,我们沿用王世渝的"全球企业中国化"概念来描述这一发展趋势。青岛作为亚欧经济走廊上的枢纽城市,可以加快推进亚欧企业中国化基地建设,不仅要推动产品和贸易的全球化,更要率先尝试推动文化、资本、人才、教育、管理等领域全球化,提升在世界范围内配置资源能力。海尔集团曾在20年内3次入选哈佛商学院案例库,证明青岛具备这样的能力和潜力。

(一)构建致力于共同富裕的商业伦理

改革开放以来,发达国家资本携技术、设备、管理模式进入中国市场,助力我国实现了经济崛起。同时,被资本利益裹挟的美国经济陷入国内制造业空心化、中产阶层收入停滞、底层失业率飙升等困境,美国著名经济学家斯蒂格利茨在其《全

球化逆潮》中对此予以强烈抨击，以摩根大通银行 CEO 吉米·戴蒙为首的 181 位美国顶级大企业 CEO 则联名呼吁股份公司为顾客、雇员、供应商、社区和股东创造价值。

与资本主义私有制条件下少数人的富足不同，全体人民的共同富裕是社会主义的本质要求，以公有制为主体的所有制结构为按劳分配和全体人民共享社会财富提供了制度保障，党的十九届五中全会将"全体人民共同富裕取得更为明显的实质性进展"确立为 2035 年基本实现社会主义现代化的远景目标之一。引领第三次全球化浪潮的中国，坚持以人民为中心的发展思想，推动共同富裕，就必须建立起适合中国国情的商业伦理。正如孙中山先生指出的，"欧美有欧美的社会，我们有我们的社会。管理物的方法，可以学欧美，管理人的方法，还不能完全学欧美"。

尽管如此，我们依然可以借鉴吸收各国成功经验。拥有全球最多隐形冠军企业的德国在基础性机制、社会价值观等方面与中国有较多的相似性，其商业伦理对于中国有较多的借鉴意义。

深受中国儒家文化影响的日本企业和商业伦理也值得借鉴，其企业立足于长远发展理念，聚焦主业并持续构筑和强化竞争优势，且不乏一些优秀企业社会责任意识强烈，始终强调"对五个人的使命与责任"，按优先顺序依次为员工和家属，外包、下游厂商的员工，顾客，地方社会，最后自然造就股东幸福。

（二）培育植根中国文化的新时代企业家精神

英国经济学家约翰·梅纳德·凯恩斯在《就业、利息与货币通论》中认为，企业家精神是影响长期预期状态和投资动机的重要因素之一。随着中国走向全球舞台中心，中国传统智慧的觉醒与全球领导力的发展需求正在逐步融合，经受五千年文明史熏染的中国企业家精神正在向世界展现他们精彩绝伦的智慧结晶。

历时三年编写完成的《华为基本法》，是对任正非管理思维的系统梳理，其中总结提炼了华为成功的管理经验，深深地烙刻着中国传统智慧的印记，成为华为向世界级伟大企业蜕变的重要里程碑。与此相反，我国集成电路产业发展历程则呈现了另外一面：芯片技术长期受制于人恰恰缘于企业家精神的长期缺失。我国芯片产业既没有在技术上攻坚突围实现质变，也没有在成熟市场做大做强达到量变，陷入了"高不成，低不就"的失策与尴尬。

企业家精神决定着企业命运，甚至影响到国家战略科技力量的形成。在企业深耕核心技术的关键阶段，企业家的谋篇布局和战略定力是不可或缺的存在。青岛企业家们培育的"五朵金花"曾经享誉大江南北，"人单合一"使得海尔卡奥斯平台在工业互联网领域继续保持领先地位，持续汲取现代工业文明积淀的丰富养分，在新的历史方位中培育新时代的中国企业家精神，把青岛打造成为企业中国化、企业全球化的策源地。

（三）构建赋能型生态型组织管理体系

互联网被称为人类连接史上的第五次革命，它创造了新的商业环境、商业规则，管理科学范式也将因此而发生重大变革，人们必须有效面对物联网、人工智能和区块链等技术的挑战，更加关注人的全面发展，构建起数字化发展时代的组织管理体系和新一代的管理学。

整体性和伦理性是中国文化思维方式的重要特点，对我们的组织变革有很好的借鉴。孔子认为求知的道在于"仁"，知识与道德在这里实现了有机连接，《庄子·齐物论》认为"天地与我并生，而万物与我为一"。数字时代的企业组织管理变革要以时代精神激活中华传统文化，关注两方面重点。

一方面，企业要顺应用户为中心、服务虚拟化、全渠道供应链等数字创新发展趋势，深挖数字经济红利，构建开放型、敏捷型组织、生态型组织，提升运用数据要素能力，迭代用户体验，持续提高组织创造力。在泛在互联（无时不在、无处不在）的世界中，企业的社会关系将决定企业的竞争力，必须坚持系统思维，推动价值网络成员间互为主体，构建价值共同体。

青岛海尔是我国较早开展组织管理范式创新的企业之一，历经产品品牌、场景品牌进入生态品牌战略阶段，成为中国首个全家居产业链生态企业，为物联网时代的管理科学范式转变提供了生动案例。"海尔人"认为，物联网时代企业间的竞争会在"生态品牌"之间展开，所有企业都将面临根本性选择，要么创建一个生态品牌，要么加入生态品牌。海尔基于用户需求，与所有员工、所有用户、优质合作伙伴联合共赢,研发、制造、供应链等传统"后台"部门也走到前台直面用户。海尔在"天人合一"的哲学模式、数字科技和伦理福祉三轮驱动下的管理创新,是对世界管理模式的重大的贡献。

另一方面,企业要给予员工高度人性化的关怀。数字技术赋予新一代年轻人更强的工作能力,同时,他们更加重视人文关怀和自我价值,这使其在个人与组织的关系中拥有了更强的对话能力,与组织之间不再是服从关系。在这种情况下,组织变得相对被动,效率来源于协同而非分工,需要培育富有主观能动性的员工,赋能与共生成为平衡组织与个体之间关系的两大关键。

(四)构建青岛特色国资国企管理模式

2020年,青岛国有资产总额在全国15个副省级城市中排名第2,市属国有企业工业增加值占全市比重超过40%。国资国企改革关乎青岛经济社会发展大势,须加快推动国资监管模式改革,以改革创新增强国资国企竞争力和抗风险能力。

探索独具地方特色的国有企业家队伍建设模式,拓宽组织选拔渠道,逐步加大市场化配置人才力度,建立完善有别于党政领导干部、符合市场经济规律和企业家成长规律的国有企业领导人员管理机制。完善国有企业负责人"去行政化"薪酬分配体系,健全经理层成员任期制和契约化管理,推行职业经理人制度改革。积极稳妥地深化混合所有制改革,推进混改企业深度转换经营机制,激发市场主体发展活力。

加强对于发达国家"竞争中立""国有企业""产业补贴"等"议题"的研究，与国有经济比重较高的新加坡、越南和马来西亚等国相关城市和企业合作，探索产业补贴规则，取消歧视性所有制待遇，保障市场主体公平竞争，创建符合"竞争中立"规则要求的国企改革样板，助力国家市场经济地位谈判。

充分发挥青岛海洋基础科研、国企国资实力强大等优势，创新国有资本收益市场化运作机制，更加尊重企业市场主体地位和企业法人财产权，统筹安排部分国有资本经营预算资金用于设立国有资本股权制投资基金，撬动更多资源要素投向市属企业重点创新项目，利用新资源、新机制、新治理优势，培育智慧型世界一流企业。支持企业面向世界制造业、海洋经济发达国家加大并购力度，对并购企业的品牌、技术标准、知识产权等进行中国化再造，投放"一带一路"沿线市场。

三、建设全球化企业策源地的要素支撑

青岛要建成全球化企业策源地，须统筹推动全方位创新，不仅要增强文化创新力、产业创新力，更要增强体制机制创新力、社会治理创新力，加强要素支撑保障。

（一）构建国际一流营商环境

优化营商环境是推进政府治理体系和治理能力现代化的重要内容，是转变政府职能促进高质量发展的重要抓手和关键环节。青岛应聚焦市场主体关切，充分落实竞争中性原则，全方

位提升服务企业能力，打造国际一流营商环境。

深化"放管服"改革。坚持市场化、法治化、国际化原则，以市场主体需求为导向，深化"放管服"改革，提供智慧高效政务服务。推行极简政府理念，全面落实权责清单、负面清单制度，大幅压减行政权力事项。深化扩权强区（市）改革，探索向功能区下放更多市级经济管理权限。深化"证照分离"改革，大力推进"证照联办"升级，全面开展工程建设项目审批制度改革，在生产许可、项目投资审批、证明事项等领域广泛推行承诺制。创新服务方式，深化"一网通办""一次办好"。推动政务服务流程再造，进一步推进政务服务标准化、规范化、便利化，深化政务公开，落实政务服务"好差评"制度。健全激励导向的绩效评价考核、尽职免责和容错纠错机制。构建更加严密的规则体系、程序体系、更加便捷的纠纷解决机制，降低制度性交易成本，用法治为民营企业发展保驾护航，营造公正透明的法治环境。构建全市统一的企业服务平台，加强多层级服务协同，优化政策制定和宣传机制，实施涉企政策统一发布制度。

构建贸易生态服务体系。建设国际化商事争议解决平台，建立健全涉外商事调解机制，创新涉外、涉上合组织国家纠纷审判工作机制。建设上合"法智谷"，推动上合示范区内法律服务机构为"一带一路"建设和企业走出去提供服务，探索推进跨域立案诉讼服务改革，建立上合组织国家司法服务圈。推动优质外籍律师在青岛执业资质认证试点，打造国际法律服务中心和国际商事争议解决中心。推进知识产权地方立法，加强知识产权风险预警和海外维权援助,深化知识产权仲裁调解。健全数字知识产权服务功能,优化知识产权资助政策,引导企业加强商标和专利布局,强化进出口环节知识产权保护。开展胶东半岛国际贸易"单一窗口"合作共建,深化中国(青岛)国际贸易"单一窗口"与政务服务"一网通办"平台对接。

推进贸易信用体系建设。深化国家社会信用体系示范城市建设,完善信用信息地方标准,完善部门信息共享机制,实施失信联合惩戒。建立以信用为基础、智慧监管为统领、"双随机、一公开"为手段,前后衔接的新型监管机制。推进信用分级分类监管,对新产业、新业态、新模式实行包容审慎监管,优化企业报关"容错机制"。

建设东亚总部聚集地。鼓励跨国公司总部在青发展,推动跨国公司地区总部和总部型机构聚集。对跨国公司地区总部、总部型机构中的连锁企业,实施全市"一照多址",提升贸易功能突出的地区总部、总部型机构开设连锁店便利化程度。培育具有国际竞争力的本土跨国公司,支持企业建立多层次国际营销服务网络,实施"抱团出海"行动计划。联动上海航运资源溢出,提升海事法律与仲裁、航运融资与保险、海事教育与研发、航运咨询与信息等航运服务能级,打造高端航运服务要素资源集聚的中国北方"航运服务总部基地"。

(二)深化金融服务市场开放

依托青岛财富管理金融综合改革试验区,加快补齐金融要素市场短板,布局本土券商、金融机构总部和资本市场,集聚银行、证券、保险、信托、期货等各类金融机构、类金融企业和天使投资、创业投资、风险投资、并购投资、产业投资基金等各类金融业态，全力打造全球金融中心城市。

大力发展创投风投，壮大创投风投基金群，重点聚焦种子期或初创期人才项目进行股权投资。发挥具有行业专长的创投机构作用，以市场化方式满足产业升级发展诉求。整合"创投+银行资源"，对早中期科技项目"扶上马，送一程"。授牌人才银行，为高层次人才长期工作企业开展科技成果转化和创新创业活动提供"人才贷"，创新"人才+信用+资产抵押"组合贷，完善风险补偿机制和再担保体系。

发展绿色金融，争取国家在再贷款、宏观审慎评估框架、资本市场融资工具等方面给予支持，通过专业化绿色担保机制、设立绿色发展基金等手段撬动更多的社会资本投资于绿色产业，利用绿色债券市场为中长期、有稳定现金流的绿色项目提供融资。与国际金融机构和外资机构与加强合作，开展绿色投资。

探索建立本外币合一的银行账户体系，在跨境资金管理、人民币跨境使用、资本项目可兑换等方面先行先试，促进跨境贸易、投融资结算便利化。提高跨国公司资金使用自由度和便利度，支持跨国公司地区总部在跨境资金池业务下，开展本外币全币种跨境收付。与日韩金融机构合作，试点建立离岸资本市场，深化建设日元交易中心、韩元交易中心。推动中日韩三国合作项目落户，争取中日韩合作基金支持。加强金融科技合作，深化数字货币试点探索。

（三）推进人才体制机制创新

在创新驱动的知识经济时代，大力推进人才机制创新等措施，加强人才引进，深圳的经验值得重新审视：一是以市场化机制大力发展新型人才载体，以公助民办模式先后设立华大基因研究院、光启研究院等新型研发创新机构，培育了一批特色创新平台。二是借助前海开放平台推行国际人才战略，对境外人才缴纳个税超过15%部分给予补贴。三是突破体制机制障碍，推动深港专业资格互认，创新开展内地与港澳律师事务所合伙联营试点、港资工程建设项目试点等工作，引进前海急需专业人才。四是推动"全民医保"，实施综合医疗保险、劳务工医疗保险、少儿医疗保险等多种医保模式，率先形成劳务工、少年儿童全覆盖模式。

青岛应抢抓全球产业链、供应链加速重构和世界顶尖人才加速流入中国机遇，实施人才优先发展战略和更开放、更灵活的人才政策，汇聚天下英才，打造以产业领军、行业拔尖为主体的"青岛精英"人才工程品牌。加快构建具有全球一流竞争力的人才治理体系，汇集天下英才，建成人才集聚能力强、市场化配置水平高、创新创业活跃的创新创业城市，提供更加坚实有力的人才支撑。大力提升高水平基础研究人才的工作、生活待遇，列入全市重点优先保障体系。建立国际化"以才引才"新机制，成立"海归人才创业联盟"，依托海归创业者导入先进技术、集聚要素资源、壮大产业集群。鼓励高校、科研院所、各类机构和企业建立人才国际交流合作机制，促进各类人才融入国际竞争，主动参与国际规则和标准制定。

　　下放人才管理服务权限，深化以赛选才、自主荐才、按薪定才等市场化人才评价机制，建立完善以企业为主体的人才引育留用机制。突出市场主体需求导向，促进人才政策由普惠性向差异化精准化转变，创新建立用人主体参与人才政策决策机制。着力打造工匠之城，加快适应新旧动能转换需求的技能人才队伍建设，加强创新型、应用型、技能型人才培养。完善政府部门宏观调控、市场主体公平竞争、中介组织提供服务、各类人才自主择业的市场化运行机制。

参 考 文 献

[1] 江小涓，孟丽君. 内循环为主、外循环赋能与更高水平双循环——国际经验与中国实践[J]. 管理世界，2021（1）.

[2] 杨丹辉，渠慎宁. 百年未有之大变局下全球价值链重构及国际生产体系调整方向[J]. 经济纵横，2021（3）.

[3] 竺彩华. 市场、国家与国际经贸规则体系重构[J]. 外交评论，2019（5）.

[4] 黄奇帆. 在长三角地区协同建设开放新高地[J]. 中国经济周刊，2019（4）.

[5] 沈玉良，等. 数字贸易发展新动力：RTA 数字贸易规则方兴未艾——全球数字贸易促进指数分析报告（2020）[J]. 世界经济研究，2021（1）.

[6] 李墨丝. CPTPP+数字贸易规则、影响及对策[J]. 国际经贸探索，2020（12）.

[7] [美]罗伯特·D. 卡普兰. 即将到来的地缘战争——无法回避的大国冲突及对地理宿命的抗争[M]. 涵朴译. 广州：广州人民出版社，2019.

[8] [英]安德鲁·兰伯特. 海洋与权力：一部新文明史[M]. 龚昊译. 长沙：湖南文艺出版社，2021.

[9] 冯并. "一带一路"：全球发展的中国逻辑[M]. 北京：中国民主法制出版社，2015.

[10] 杨雷. 美国"新丝绸之路"计划的实施目标及其国际影响[J]. 新疆社会科学，2012（5）.

[11] 施展. 枢纽：3000 年的中国[M]. 桂林：广西师范大学出版社，2018.

[12] [法]弗朗索瓦·吉普鲁. 亚洲的地中海：13-21 世纪中国、日本、东南亚商埠与贸易圈[M]. 龚华燕，龙雪飞译. 北京：新世纪出版社，2014.

[13] 许倬云. 万古江河[M]. 长沙：湖南人民出版社，2017.

[14] 黄大慧. 东亚经济共同体建设的成效及挑战[J]. 人民论坛，2020（2）.

[15] 宋志芹. 论俄罗斯与乌兹别克斯坦关系的演变及其影响因素[J]. 俄罗斯学刊，2014（3）.

[16] [美]帕拉格·康纳. 超级版图：全球供应链、超级城市与新商业文明的崛起[M]. 崔传刚，周大昕译. 北京：中信出版社，2016.

[17] 胡必亮，等. "一带一路"倡议下的国际区域经济合作机制建设——以中国－乌兹别克斯坦合作为例[J]. 广西师范大学学报（哲学社会科学版），2020（9）.

[18] 郭晓婷. 乌兹别克斯坦数字化转型及与"数字丝绸之路"的对接[J]. 欧亚经济，2020（6）.

[19] 李亚洲. 苏联解体后的哈萨克斯坦社会主义运动及其启示[J]. 社会主义研究，2020（1）.

[20] 高飞. 中国的"西进"战略与中美俄中亚博弈[J]. 外交评论，2013（30）.

[21] 肖斌. 上海合作组织数字经济合作前景[J]. 俄罗斯东欧中亚研究，2020（4）.

[22] 鱼宏亮. 超越与重构：亚欧大陆和海洋秩序的变迁[J]. 南京大学学报，2017（2）.

[23] [西]胡里奥·克雷斯波·麦克伦南. 欧洲：欧洲文明如何塑造现代世界[M]. 黄锦桂译. 北京：中信出版社，2020.

[24] 周树春. 全面开辟国际传播新境界[J]. 中国记者，2021（7）.

[25] 刘舫舸，等. 如何走好"工业型"人民币国际化之路[J]. 国际金融，2021（8）.

[26] 杨珩. 女真统治下的儒学传承：金代儒学及儒学文献研究[M]. 成都：四川大学出版社，2016.

[27] 张学成，等. 齐鲁经典文化与当代社会[M]. 北京：清华大学出版社，2018.

[28] [美]约瑟夫·E. 斯蒂格利茨. 全球化逆潮[M]. 李扬，等译. 北京：机械工业出版社，2019.

[29] 苏勇军. 浙东海洋文化研究[M]. 杭州：浙江大出版社，2011.

[30] 范恒山. 成渝地区双城经济圈建设的价值与使命[J]. 宏观经济管理，2021（1）.

[31] 贾根良. 国内大循环经济发展新战略与政策选择[M]. 北京：中国人民大学出版社，2020.

[32] 杨青峰. 未来制造：人工智能与工业互联网驱动的制造范式革命[M]. 北京：电子工业出版社，2018.

[33] 张维为. 中国人，你要自信[M]. 北京：中信出版社，2017.

[34] 季波. 5G改变世界[M]. 北京：清华大学出版社，2020.

[35] 库恩. 科学革命的结构[M]. 北京：北京大学出版社，2012.

[36] 曾鸣. 智能商业[M]. 北京：中信出版集团，2018.

[37] 丁昶. 文明、资本与投资[M]. 北京：中信出版集团，2021.

[38] 王世渝. 第三次全球化浪潮[M]. 北京：中国民主法制出版社，2020.

[39] 钱穆. 国史大纲[M]. 北京：九州出版社，2011.

[40] 李稻葵. 中国经济的未来之路：德国模式的中国借鉴[M]. 北京：中国友谊出版社，2015.

[41] 黄蕊. 二战后德国社会民主党的改革[M]. 北京：社会科学文献出版社，2016.

[42] 坂本光司，等. 日本最了不起的公司：永续经营的闪光之魂[M]. 银川：宁夏人民出版社，2010.

[43] 黄汉城，等. 中国城市大洗牌[M]. 北京：东方出版社，2020.

[44] 陈春花，等. 协同：数字化时代组织效率的本质[M]. 北京：机械工业出版社，2019.

[45] 戴龙. 数字经济产业与数字贸易壁垒规制——现状、挑战及中国因应[J]. 财经问题研究，2020（8）.

[46] 江小涓. 网络时代的服务型经济：中国迈进发展新阶段[M]. 北京：中国社会科学出版社，2018.

[47] 李晓华. 全球工业互联网发展比较[J]. 甘肃社会科学，2020（6）.

[48] 张荣大，张树枫. 百年五四与青岛[M]. 青岛：青岛出版社，2019.

[49] 徐建伟. 优化国内产业协作关系是产业链现代化的当务之急[J]. 中国经贸导刊，2021（6）.

[50] 潘毅，等. 英国东印度公司与中国茶贸易[J]. 文化创新比较研究，2020（27）.

[51] 毕世鸿. 新加坡概论[M]. 北京：社会科学文献出版社，2016.

[52] 章永宏，等. 未来的组织：企业持续成长的智慧[M]. 北京：机械工业出版社，2017.

[53] 国务院发展研究中心课题组. 借鉴德国工业 4.0 推动中国制造业转型升级[M]. 北京：机械工业出版社，2017.

[54] 秋风. 儒家式现代秩序[M]. 桂林：广西师范大学出版社，2013.

[55] 张茉楠. 博弈——全球价值链变革下的中国机遇与挑战[M]. 杭州：浙江大学出版社，2020.

[56] 陈劲. 探索影响世界的企业管理模式. 清华管理评论微信公众号.

[57] 苏宁. 未来 30 年世界城市体系及全球城市发展趋势与上海的地位作用[J]. 科

学发展，2005（12）．

[58] 许倬云. 中国文化的精神[M]. 北京：九州出版社，2018.

[59] 张其仔. 加快新经济发展的核心能力构建研究[J]. 财经问题研究，2019（2）．

[60] 黄娅娜等. 生产要素对制造业的影响分析及政策建议[J]. 中国井冈山干部学院学报，2022（1）．

后　记

　　我特别感谢清华大学出版社的编辑团队，因为有你们的持续关注，才让我能够不断前行。付潭娇作为本书的策划编辑，所表现出来的专业素养和敬业精神让我深受鼓舞。衷心感谢所有审阅过本书的编审，每一次的审稿意见都会使本书增色不少，从中受益匪浅。衷心感谢在百忙之中抽出宝贵时间审阅本书的专家和老师。

　　最后衷心感谢青岛市发展和改革委员会、青岛市经济发展研究院的悉心培养，感谢支持帮助我的领导和同事，尤其是感谢家人亲属们所给予的爱、耐心与包容。

作　者

2022 年 12 月